Um Amor para a Eternidade

Marluci Teodora Ferreira
(Pelo Espírito Caboclo Sete Estrelas)

Um Amor para a Eternidade

MADRAS®

© 2014, Madras Editora Ltda.

Editor:
Wagner Veneziani Costa

Produção e Capa:
Equipe Técnica Madras

Revisão:
Arlete Genari
Margarida A. G. de Santana
Francisco Jean Siqueira Diniz

Dados Internacionais de Catalogação na Publicação (CIP)
(Câmara Brasileira do Livro, SP, Brasil)

Caboclo Sete Estrelas (Espírito).
Um amor para a eternidade : [psicografado por] Marluci Teodora Ferreira. -- São Paulo : Madras, 2014.

ISBN 978-85-370-0929-1

1. Psicografia 2. Romance histórico 3. Umbanda (Culto) I. Ferreira, Marluci Teodora. II. Título.

14-05563   CDD-299.672

Índices para catálogo sistemático:
1. Romance mediúnico : Umbanda 299.672
2. Umbanda : Romance mediúnico 299.672

É proibida a reprodução total ou parcial desta obra, de qualquer forma ou por qualquer meio eletrônico, mecânico, inclusive por meio de processos xerográficos, incluindo ainda o uso da internet, sem a permissão expressa da Madras Editora, na pessoa de seu editor (Lei nº 9.610, de 19.2.98).

Todos os direitos desta edição reservados pela

MADRAS EDITORA LTDA.
Rua Paulo Gonçalves, 88 – Santana
CEP: 02403-020 – São Paulo/SP
Caixa Postal: 12183 – CEP: 02013-970
Tel.: (11) 2281-5555 – Fax: (11) 2959-3090
www.madras.com.br

Agradecimentos

A Oxalá por ter permitido a edição deste livro, apesar de todos os percalços do caminho;

Ao babalorixá Tanair Caetano Furtado (*In memoriam*);

A todos os trabalhadores encarnados e desencarnados do Centro Espírita São José;

À médium Marluci Teodora Ferreira;

Aos colaboradores Kamila da Silva Veríssimo, Mayara Camila Furtado, Renato José Furtado, Luiz Carlos Mello da Silva, Ailton Bonina, Daniela Risson, Leticia de Assis, Andreia Barbosa e Bárbara Dutra.

"O índio mais forte protege o índio mais fraco: esta é uma Lei da Natureza!"

Caboclo Sete Estrelas

Índice

Apresentação 9

Prefácio 11

Início de uma Jornada 13

Vida Nova em Novas Terras 19

Emboscadas do Coração 22

As Tramas de Embiaté 26

Uma Nova Escolha 29

A Sexta Esposa 37

As Doenças da Terra, do Corpo e da Alma 41

O Segredo Descoberto. 45

Em Busca do Verdadeiro Amor 47

A Desilusão de Jupira 54

Boas-Novas 56

Um Companheiro para Chaueritá 62

O Adeus a Iara 64

A Revolta do Conselho 68

Sinais dos Deuses 73

A Primeira Caçada. 75

Praticando a Vingança 80

Itarim é Expulsa da Tribo 83

A Desilusão de Cauelevi 87

A Caçada de Jupiara 91

O Desencarne de Italonã 99

O Confronto 102

Os Conselhos de Chauendê 104

O Chamado do Deus Sol 106

Perdido nas Montanhas de Areia...110
E a Vida Continua 116
Hora de Ir para a Mata 124
A Primeira Vítima...133
A Serviço do Bem...138
A Descoberta..140
A Mudança de Hauanã...144
O Novo Cacique 153
Dias de Grande Tristeza 160
As Armadilhas da Vida 168
Quando o Passado nos Cobra...178
Encarando a Vida 185
No Astral 190
O Resgate de Cândida..192
Um Encontro Inesperado 194
As Revelações de Celeste 196
Caindo os Véus do Passado..201
Umbanda, Uma Nova Oportunidade...205
Um Amor para a Eternidade 207

Apresentação

Este livro é um romance histórico e indigenista que relata a saga de uma das tribos da nação Comanche ocorrida entre 1417 a 1480. Tal tribo deixou suas terras na América do Norte rumando à América do Sul por causa da invasão de homens brancos; esse processo trouxe o progresso, mas também expôs os nativos a doenças, além de devastar suas terras e cultura.

Trata-se de uma história verídica ditada mediunicamente por um de seus personagens: o cacique Hauanã, que hoje se manifesta na Umbanda como Caboclo Sete Estrelas. Alguns nomes originais dos personagens foram mudados para preservar a identidade de pessoas que estão encarnadas atualmente. Uma parte do livro foi ditada pelo autor espiritual por meio da psicofonia e clariaudiência da médium; outra parte foi registrada por colaboradores encarnados.

Este livro não foi escrito para satisfazer a curiosidade relativa aos dramas que os envolvidos vivenciaram em seu processo de crescimento espiritual. O verdadeiro objetivo é servir de norte para as pessoas que buscam sinceramente maior esclarecimento espiritual e que podem encontrar nesta história informações e experiências que possibilitam maior entendimento da jornada do espírito em busca da luz.

É o relato dos dramas materiais e espirituais de um povo que teve a coragem de buscar novas terras para poder preservar sua cultura, sua identidade, sua religiosidade e seus sonhos. Os personagens da história poderão ser vistos tanto em sua grandeza quanto em suas mazelas; todos, contudo, em busca do aprendizado do amor e da evolução espiritual, razão maior de todas as peripécias humanas.

Algumas informações históricas aqui reveladas encontram pouco eco na história oficial, mas são todas rigorosamente verdadeiras. Razão pela qual poderão servir para uma revisão histórica diante de uma gama de novas evidências. Evidências estas que, não raras vezes, foram propositadamente ocultadas ou distorcidas pela história oficial.

Muito antes de Cristóvão Colombo, homens brancos vindos de lugares como a própria Europa e também esquimós do Alasca já haviam "descoberto" as terras que hoje compõem as Américas do Norte e Central. Portanto, em 1417, quando inicia a história, já existiam conflitos entre nativos norte-americanos e homens brancos. E é aqui que começa a jornada heroica de uma tribo que, seguindo os presságios de seu xamã, navegou em canoas feitas de troncos escavados em direção ao Sul, atravessando a pé uma boa parte do trajeto e tendo como destino final o estado do Maranhão, no Brasil.

Os Comanches da história viviam numa região que congrega hoje os estados do Arkansas, Mississipi e Louisiana e também parte dos estados do Texas, Oklahoma, Missuri, Tennessee, Alabama e Flórida. Na classificação geralmente adotada para as culturas pré-colombianas, a tribo ocupava parte das pradarias do sudeste e do sudoeste e dos bosques orientais, todos também dentro do atual território dos Estados Unidos.

Viviam na região dos grandes rios Mississipi, Arkansas e Sabina. Os períodos de alagamentos coincidiam com o final do inverno e o derretimento da neve determinava importantes mudanças para esses nativos que precisavam constantemente mudar sua aldeia de lugar. Nenhuma mudança pode ser comparada, contudo, à saga da tribo que rumou em direção às novas terras, como veremos adiante.

Os Colaboradores

Prefácio

Uma história de amor, de aventura, de paixão pela vida, de aprendizado. Isso é o que o leitor vai encontrar nestas páginas dedicadas especialmente aos espíritos encarnados e desencarnados cujas vidas foram aqui retratadas.

Essa dádiva divina só foi permitida para que cada um de nós pudesse cumprir sua missão. Sem o aprendizado que este livro possibilita seria mais difícil relembrar compromissos e perseverar no caminho que foi traçado pelos Espíritos de Luz.

Que possamos todos ampliar nossa compreensão e entendimento dos fatos da vida, reconhecendo, em cada momento, a sabedoria divina que guia nossos passos rumo à iluminação de nossos espíritos.

A história demonstra que não há outro caminho na vida que não seja entender e aceitar os próprios defeitos do próximo, procurando colaborar para a evolução a partir de nossas próprias intenções e vontades.

Lágrimas e tristezas, mas também sorrisos e alegrias fizeram parte da trajetória de profusão desta obra. O saldo, no entanto, é sempre positivo quando nossas mentes e corações estão sinceramente voltados à compreensão dos mistérios e da beleza da Vida que se estende da matéria em direção ao Espírito!

Rogo a Deus para que cada palavra aqui escrita sirva de lenitivo para todos os que ainda tateiam com os olhos fechados em busca de seu destino. Que este livro auxilie cada sincero leitor ao encontro do verdadeiro caminho do Espírito. Caminho que deve ser guiado pelo desprendimento, pela caridade, pelo amor ao próximo e também pela certeza inabalável de que todos aqueles que vivem ao seu lado nesta vida são credores do seu afeto e da sua compreensão.

Ao clarear a mente com as verdades das leis da imortalidade da alma, da reencarnação e da lei de causa e efeito, esperamos que cada leitor possa humildemente dobrar os joelhos e agradecer a Zambi. Afinal, devemos a Ele a imensa oportunidade de reconciliação com os desafetos enquanto ainda estamos no caminho com eles, como disse um dia o Mestre.

Ao reconhecer que a vida e todas as suas dificuldades e provações são uma imensa bênção que nos permite evoluir e construir a felicidade, tornamo-nos merecedores da oportunidade concedida a cada um de nós.

Caboclo Sete Estrelas

Início de uma Jornada

Em uma terra cujo tempo era contado em sóis e luas, tudo ficava verdejante quando o mar enchia e recuava e, em alguns períodos, tudo também ficava coberto de neve. A caça era uma atividade constante. Quando era preciso caçar antílopes, a tarefa era realizada por um único guerreiro. Já quando se tratava de uma grande caçada, como os ursos e os búfalos, era preciso reunir vários caçadores. A caça servia tanto para a alimentação quanto para confeccionar roupas quentes e tendas que protegessem do frio, sendo que sua época também coincidia com a realização de festas na tribo.

Era preciso mudar alguns costumes para se adaptar aos rigores do inverno. A tenda precisava ser mudada e virada para o Sol. Havia também uma tenda própria para armazenar os alimentos, que eram lavados na água do mar e enterrados próximo a essa tenda.

Os guerreiros e suas famílias tinham direito à metade da sua caça; o restante ficava para a parte comum da tribo, como, por exemplo, as índias viúvas que passavam dificuldades.

Os Comanches tinham uma organização social que permitia grande expansão geográfica. Cada filho de cacique que se tornasse adulto e constituísse família poderia procurar novas terras para fundar sua tribo. Assim, os Comanches estavam divididos em várias tribos, cada uma ocupando um território diferente.

Uma das questões que diferenciava os Comanches de outras tribos daquela região, como os sioux e os apaches, era a sua religiosidade. Eles acreditavam em um Deus único, criador e mantenedor de tudo o que existe. Esse Deus – chamado de Tupã – se manifestava na Natureza por meio dos elementos: Terra, Ar, Fogo e Água. Cada elemento, por ser fruto da manifestação de Tupã, era cultuado como um deus.

Para cada um deles havia uma festa na estação em que predominava esse elemento. Na fase do ano em que ocorriam raios, relâmpagos e trovoadas muito frequentes, os Comanches escolhiam o melhor dia e festejavam o deus Fogo. Quando esse período terminava e iniciava a neve, chegavam as ventanias, e era tempo de escolher um dia para cultuar o deus Ar. O deus das Águas recebia homenagens na fase em que a neve derretia e começava a época das flores. Já o deus da Terra tinha sua festa quando tudo ficava verde e chegava o calor.

Como forma de louvar os deuses, as crianças nascidas em cada estação eram oferecidas ao deus respectivo, que passava a ser seu protetor.

O começo da invasão da região da América do Norte, onde viviam os Comanches, deu-se pelos irlandeses. Estes, por sua vez, obedeciam às ordens dos ingleses, pois na época a Irlanda já estava sob o domínio do Império Britânico.

Os ingleses temiam fazer a viagem para o novo continente; havia a crença entre eles de que, em certo ponto, o mar acabava em um abismo e os barcos seriam engolidos. Também se pensava que, nesse ponto do mar, existiam monstros marinhos esperando os incautos. Por esta razão, foi determinado aos irlandeses que colonizassem a parte sul que hoje abriga os Estados Unidos.

A verdadeira intenção dos ingleses, no entanto, era dominar a Irlanda, já que a ilha estava mais próxima e não tinha o risco do abismo e dos monstros. No novo mundo, os irlandeses encontraram uma dura realidade, mas também foram recompensados com a liberdade. Na Irlanda não podiam mais cultuar sua própria religião, sendo obrigados a seguir a crença dos colonizadores.

Com a chegada do homem branco, muitos guerreiros que saíam para caçar não retornavam às suas aldeias, pois eram abatidos pelos invasores. As doenças dos brancos, especialmente a varíola que atingiu a Europa nesse período, também afetaram intensamente os Comanches, já que os índios não tinham defesa orgânica para combater a doença.

Por outro lado, a chegada do homem branco também trouxe facilidades para a vida dos Comanches. Um exemplo é a chegada do cavalo, já que as tribos precisavam mudar de território constantemente em busca de sobrevivência. Antes a tribo utilizava o búfalo como montaria; um animal mais difícil de domar e adestrar.

Em meio a esse cenário, uma das tribos Comanches da região vivenciou uma mudança mais significativa. O pajé convocou o cacique e toda a tribo e profetizou:

– Corondê, é chegada a hora de procuramos outras terras além-mar porque nosso povo está fadado à extinção!

– Mas, Chaurê, como saberemos se existe terra além-mar se o mar é nosso desconhecido? – perguntou o velho cacique.

– Meu amigo, o deus da Terra me contou que há um lugar para nós, reservado por Tupã. Disse também que o deus do Mar vai nos acompanhar para que nada de ruim aconteça, pois se não fizermos esta jornada, nossa tribo poderá desaparecer para sempre!

Então Corondê reuniu a tribo e disse aos homens que aqueles que quisessem acompanhar a jornada deveriam começar a construir sua própria canoa para a travessia. Foi assim que vários troncos de árvores foram cavados para a construção de canoas longas e estreitas. Também determinou às mulheres que preparassem a comida para a viagem, composta especialmente por folhas e frutos.

Nem toda a tribo pôde seguir viagem, pois os índios muito velhos ou muito doentes não aguentariam a jornada. Famílias que tinham muitas crianças também ficaram. Dessa forma, muitos dos guerreiros que foram em busca das novas terras tiveram de deixar seus pais e mães. Para cuidar da parte da tribo que permaneceu, foi convocado um dos irmãos do pajé, o guerreiro Tupaiara.

Terminadas as canoas e armazenados os alimentos, foi iniciada a jornada em busca da terra prometida. Entre os viajantes estavam o cacique Corondê com sua mulher e filhos, o pajé Chaurê com sua filha Jupira e seu filho Tupiauranã, e Avetê, amigo do cacique, com sua família.

A jornada duraria muitos anos. A alimentação era um dos pontos mais complicados da viagem e, quando possível, os Comanches também pescavam para garantir o sustento dos peregrinos. Para esses índios, a alimentação era sagrada e eles só matavam a caça e colhiam os vegetais e frutos que pudessem fazer uso; nada podia ser desperdiçado. Na ordem de prioridade, os guerreiros eram os primeiros a se alimentar, pois precisavam ficar fortes o suficiente para conduzir os barcos e defender a tribo em caso de conflito com inimigos. Em seguida as mulheres e depois os pequenos. Muitos morreram pelo caminho, pela escassez de alimento e por causa das agruras da viagem.

O trajeto escolhido foi seguir na direção sul, o que significava descer em direção ao Golfo do México. Os Comanches saíram da região mais central de seu território e foram costeando à margem do estado de Luisiana até chegar à Península da Flórida. Saíram ao mar mais ou menos na região onde hoje é a cidade de Miami. Atravessando o Estreito da Flórida, navegaram em direção à América Central, aportando primeiro nas ilhas que compõem o Arquipélago das Antilhas. Eles seguiam pelo mar enquanto ainda tinham mantimentos, e depois se aproximavam do litoral e acampavam pelo tempo que fosse suficiente para obter mais alimentos. Também ficavam acampados em terra firme nos tempos mais rigorosos do inverno.

Em terra firme, os Comanches encontraram-se com outros grupos indígenas, tais como os Astecas e os Maias, que muitas vezes lhes prestaram auxílio e, em outras vezes, provocaram conflitos. Por essa razão, decidiram atravessar o mar das Antilhas (ou do Caribe) em direção à zona continental da América Central. Em terra firme, tiveram novamente contato com povos indígenas como os Maias, que dominavam parte da região na época. Depois de continuar a marcha por terra durante um tempo, resolveram novamente sair ao mar, desta vez pelo lado oeste, navegando pelo Oceano Pacífico até aportarem nas terras que hoje formam o Peru. Esse foi um dos trechos de navegação mais difíceis de toda a jornada.

No Peru ficaram cerca de dois anos, acampados no mesmo local, próximo a um grande rio que desembocava em cascata. A tribo fixou local e somente os guerreiros faziam excursões a terras próximas. Durante a estada no Peru, os Comanches fizeram amizade e aliança com tribos de Guaranis e Astecas, que foram de bastante auxílio. No entanto, essas duas etnias guerreavam frequentemente entre si e, para não tomar partido, o pajé Comanche decidiu seguir viagem. Na partida do Peru, parte dos guerreiros Comanches escolheu ficar com os Astecas e alguns ficaram com os Guaranis; outros, ainda, partiram com os Comanches.

Continuando sua viagem, os Comanches adentraram a mata em direção ao Brasil, passando pela Amazônia e pelo Pará, onde se depararam também com vários grupos indígenas, o que tornou a viagem difícil e perigosa. Era preciso muitas vezes embrenhar-se na floresta para evitar contato com outras tribos; entre os aborígines brasileiros, havia até mesmo tribos canibais. Finalmente chegaram às terras onde os Comanches se fixaram e nas quais se desdobra esta história. O local é atualmente o centro do estado do Maranhão e na época não abrigava indígenas brasileiros.

Na chegada, os Comanches contavam com exatamente 178 adultos. Muitos guerreiros também haviam morrido no trajeto. No Maranhão, aprenderam a fazer oca fixa, diferente também do formato das cabanas que possuíam na América do Norte. Lá, elas eram feitas de couro de animais, como os búfalos, e tinham um formato triangular. Já na nova terra, as ocas foram feitas com folhas de palmeiras existentes na região, tinham o aspecto de semicírculo e ficavam todas dispostas em um círculo, umas de frente para as outras. Dentro da cabana não havia separações e o tamanho de cada uma variava em razão da quantidade de pessoas que nela moravam.

No espaço central, formado em razão da disposição das cabanas, acontecia boa parte das atividades. A vida comunitária – como em geral é para quase todos os indígenas – era muito forte e importante para os Comanches.

A oca tinha um significado muito relevante como abrigo e moradia de cada índio. Antes de haver um casamento, por exemplo, era necessário aprontar a oca do novo casal, pois no dia da cerimônia, os deuses iriam abençoar os recém-casados para garantir a fertilidade da mulher e o crescimento da tribo. Dentro das ocas havia também a tarimba, que era onde os índios deitavam para dormir.

Já com o grupo fixado na nova terra, o pajé Chaurê reuniu a tribo e disse:

– Os homens mais jovens devem agora ir para a mata e cumprir o ritual para saber quem está preparado para se tornar um novo guerreiro, pois muitos de nossos guerreiros entregaram sua alma a Tupã durante a nossa jornada.

– E o que é preciso para se tornar um guerreiro, sábio pajé?

– Aquele que trouxer o bicho maior vai se tornar um novo guerreiro Comanche!

Após um bom tempo na mata, os jovens índios voltaram e apenas alguns trouxeram um bicho grande o suficiente para poderem ser batizados como guerreiros. Eram jaguatiricas, lobos e antas. Entre eles estava Hauanã, filho do cacique que tinha 14 anos.

O velho cacique Corondê, que havia conduzido seu povo por toda a jornada, já estava muito cansado e doente. Percebendo a proximidade da morte, chamou Hauanã e, com voz grave e séria, falou:

– Meu filho, seu pai está prestes a ir ter ao lado de Tupã. Tens uma missão a cumprir junto ao nosso povo e não deve permitir que nossa tribo se disperse com minha morte. Passarás a ser responsável por toda a tribo e por cada um de seus filhos. Se alguém tiver de passar fome, que esse alguém seja você! Nosso povo precisa de ajuda e proteção, e você deve ser o primeiro a servir a todos! Nunca deixe nosso povo sofrer, e sempre que precisar invoque os deuses e ore para que eles permitam que seu velho pai venha em seu auxílio.

Hauanã escutava triste, e sua mãe, Chaueritá, agachada em um canto da oca, chorava muito. E seu velho pai prosseguia:

– Hauanã, não fique triste, porque isso pode revoltar nossos deuses e atrair sofrimento para nosso povo. Nunca se esqueça de que, mesmo não sendo visível, eu estarei de algum lugar olhando por você e por nosso povo.

O futuro cacique Comanche escutou as palavras difíceis de seu velho pai e saiu em direção à floresta, até chegar à beira do rio onde ficou meditando sobre tudo que acontecia. Além de seu povo e ele mesmo ter perdido as terras sagradas que seus ancestrais haviam escolhido para viver, agora também iriam perder seu sábio e justo cacique. Era uma perda dupla: o cacique e seu pai; no momento em que pensava nisso, Hauanã escutou a voz de um guerreiro, que lhe dizia:

– O Grande Tupã precisa que alguns de seus filhos fiquem para que outros possam partir. Não compete a nenhum de nós questionarmos. Felizes são aqueles que têm fé e permitem que a vontade de Tupã se cumpra.

Quando Hauanã se voltou para ver melhor o guerreiro que lhe falava, este já havia voltado para a mata. Curioso, Hauanã também entrou na floresta, tentando encontrar o dono da voz que lhe dissera aquelas palavras.

Vida Nova em Novas Terras

Ao voltar, Hauanã encontrou toda a tribo triste e logo soube que seu pai não estava mais entre eles. O corpo do cacique já era preparado para ser levado para a mata e colocado em uma espécie de altar de oferecimento a Tupã. No caso do cacique, isso só acontecia depois do desenlace efetivo, pois a ele era permitido desencarnar na aldeia, diferentemente de outros membros da tribo.

Era um costume dos Comanches levar os índios muito velhos ou doentes ainda em vida para esse altar. Na crença da tribo, Tupã levaria o espírito e o corpo. Quando os índios voltavam ao local onde haviam deixado o doente, ele não estaria mais lá e então a predição do pajé se cumpria.

Com a morte de Corondê, o pajé Chaurê chamou Hauanã e falou:

– Você agora deverá assumir o lugar de seu pai!

– Mas, pajé, eu ainda sou muito novo e nem sei direito o que devo fazer.

– Hauanã, você já é um guerreiro e precisa agora escolher uma mulher para ser sua esposa. Não vai poder mais morar com sua mãe e seus irmãos.

– Mas eu não sei o que é viver com uma mulher...

– Pelos costumes da tribo você vai poder ter até sete mulheres.

– Mas por que meu pai casou apenas uma vez?

– Porque seu pai foi abençoado por Tupã, e encontrou na primeira esposa o amor verdadeiro, não precisando assim casar-se outras vezes. O que pode acontecer com você também.

– E como poderei escolher essas esposas, se não conheço o amor verdadeiro?

– Todas as moças que estão prontas para casar serão apresentadas a você na festa em agradecimento aos deuses por nossas colheitas e caças. Dentre todas você poderá escolher uma somente – disse o pajé sem muita explicação.

Na organização social dos Comanches, o cacique comandava a tribo e era respeitado como pai de todos, tendo muitos privilégios, mas também uma enorme responsabilidade. O cacique precisava seguir os costumes dos seus ancestrais, manter as tradições e viver em função das necessidades de toda a nação.

Depois da escolha da esposa do cacique, as demais moças poderiam constituir família com outros guerreiros da tribo. Quando um guerreiro se interessava por uma mulher, não havia necessidade de esperar alguma cerimônia ritualística – como no caso de Hauanã. Diante da reciprocidade dela, o guerreiro solicitava a autorização e a bênção dessa união diretamente ao cacique.

Passado algum tempo da conversa com o pajé, o dia da cerimônia chegou. Uma grande festa foi preparada para Hauanã escolher a primeira esposa. Perante toda a nação, pediu a Avetê – o guerreiro mais velho – a mão de sua filha Cojupauí. Avetê assentiu o casamento.

Cojupauí era uma índia muito bela, protegida do deus do Ar. Também irmã de Joropê, um guerreiro que tinha a mesma idade de Hauanã e era seu grande amigo. Da união, nasceu Tupiaurê, o primogênito de Hauanã.

O tempo passava e Hauanã se esforçava em ser um líder sábio para seu povo e um bom marido para Cojupauí. Jupira, a filha do pajé, começou a se apaixonar por Hauanã e pediu ao pai que convencesse o cacique a escolher outras esposas, na esperança de ser eleita. Ela guardava o sonho secreto de poder tornar-se a principal líder de seu povo.

Hauanã escutava os conselhos de Chaurê e, embora relutasse em escolher outras esposas, sentia-se na obrigação de atender ao pedido. Ele era inexperiente, e o pajé, o líder espiritual da nação. Passado mais algum tempo, Chaurê insistiu novamente com Hauanã:

– Cacique, já é tempo de você escolher nova esposa. Caso contrário, a tribo não será forte e poderá desaparecer.

Diante da insistência do velho xamã, o cacique resolveu atendê-lo e escolheu sua segunda esposa, Embiaté. A chance de Jupira ser escolhida e realizar seu grande sonho era pequena. A grande convivência entre os dois fazia com que Hauanã a visse como uma irmã.

Com Embiaté, o cacique teve outro filho, que se chamou Haurendê. O pai de Embiaté havia desencarnado durante a viagem e ela tinha a companhia apenas da mãe, razão pela qual se sentia desamparada. Em função de sua carência, ela passou a exigir muita atenção do cacique e também guardava a secreta intenção de comandar mais diretamente a tribo.

O coração de Hauanã, contudo, embora estivesse cheio de alegria com suas duas esposas e seus dois filhos, ainda não havia sido tocado verdadeiramente pelo amor. Hauanã vivia em sua oca e cada uma de suas esposas tinha sua própria oca, onde moravam com seus respectivos filhos. O cacique poderia escolher passar a noite em uma das ocas de suas esposas, mas deveria ser equânime em sua preferência; se ficasse algumas noites com uma das esposas, deveria também ficar a mesma quantidade com a outra.

As mulheres da tribo Comanche eram muito boas e trabalhadoras. Cuidavam das artes do plantio e cultivo de alimentos, como mandioca e milho, e também de ervas para cura, além de serem as responsáveis pelas pescarias. Aos homens cabia a arte da caça.

Emboscadas do Coração

Passado um ano do casamento com Embiaté, Chaurê voltou a insistir com Hauanã para que escolhesse outra companheira. Segundo o pajé, já não havia nascimentos e isto poderia ameaçar a continuidade da tribo. Dizia o velho xamã:

– Cacique Hauanã, já é tempo de encontrar uma nova esposa!

– Está certo, Chaurê, eu vou conversar com minhas duas esposas, para saber a opinião delas e dou uma resposta.

Hauanã procurou Cojupauí que, além de muito companheira, era como alguém de seu próprio sangue e lhe contou sobre a conversa com o pajé.

– Querido Hauanã, é sua obrigação dar continuidade à nossa tribo – disse carinhosamente Cojupauí. – Você não deve negar-se a seguir os conselhos do sábio pajé, principalmente porque Corondê, que está junto de Tupã, está olhando. E se Chaurê falou que você deve ter uma terceira esposa, é porque ele deve ter encontrado com seu pai em sonho e ele lhe transmitiu a mensagem.

Ao procurar Embiaté, a opinião foi totalmente diferente.

– Saiba, Hauanã, que o pajé quer na verdade juntar sua filha Jupira com você – afirmou convictamente. – E eu lhe digo que você pode escolher qualquer outra mulher, menos Jupira, pois ela quer é comandar toda a tribo e eu nunca vou aceitá-la como sua esposa!

– Embiaté, você não está sendo justa, pois o pajé é magnânimo e quer o bem de toda a tribo.

– O que o pajé quer é o bem de Jupira – retrucou Embiaté aborrecida.

– Falando deste jeito, meu pai, que está olhando por nós, deve ter ficado muito aborrecido contigo.

– Pelo contrário, ele deve ter ficado é agradecido, por eu ter tentado abrir seus olhos. Faça um teste, Hauanã. Escolha qualquer outra índia que não Jupira e observe bem a verdadeira reação do pajé.

Contudo, Hauanã pensava como Cojupauí e confiava muito nas intenções de Chaurê, razão pela qual decidiu aceitar sua recomendação e marcar o dia da cerimônia de escolha da nova companheira. Nessa cerimônia, todas as mulheres que já podiam se dedicar ao cultivo da terra eram preparadas com roupas, adornos e pinturas especiais.

A cerimônia iniciava com a dança do pajé. Vestido com sua indumentária ritualística em referência a Tupã, o pajé orava:

– Invoco todos os nossos deuses e especialmente o Deus das Águas para que ilumine Hauanã e ele possa escolher a mulher mais fértil; para que nossa tribo possa receber novos e fortes guerreiros e ser sempre protegida por todos vós!

Em suas pinturas, as índias identificavam qual deus era o seu protetor. Havia aquelas protegidas do deus da Água, da Terra, da Mata, do Céu, do Sol, da Lua e outros deuses. Atento a esse detalhe, Hauanã escolheu Luandê como sua terceira esposa porque ela era uma protegida do deus da Lua. Sua primeira esposa era protegida do deus do Ar e a segunda do deus do Fogo, e ele achava melhor ter a proteção de todos os deuses.

Luandê, contudo, ficou profundamente triste. Ela não queria ser esposa do cacique; seu coração já estava ocupado por outro guerreiro. Tinha participado da cerimônia apenas porque era costume que todas as moças se apresentassem primeiro ao cacique, para depois poderem se relacionar com outros guerreiros. Luandê, no entanto, já havia se apaixonado por Tupiauranã e era correspondida. Em uma tarde de encontro, os dois, inclusive, se entregaram ao amor e ao prazer esquecendo dos costumes da tribo. Por esse motivo, tanto ela quanto Tupiauranã torciam para que Hauanã não tivesse olhos pra ela.

A cerimônia teve continuidade e Luandê foi conduzida pelas outras duas esposas à oca do cacique para passar a primeira noite com ele. O guerreiro Tupiauranã, que era filho do pajé, ao ver a cena ficou com muita raiva e decepcionado, deixando a cerimônia em direção à mata.

Tão logo o cacique adentrou a oca, Luandê não conseguiu conter sua ansiedade e abriu seu coração, mesmo sabendo o grande risco que estava correndo:

– Hauanã, eu tenho grande respeito por você e preciso ser sincera consigo: é muito difícil para eu servir-lhe como esposa, pois meu corpo e meu coração pertencem a outro guerreiro.

– E quem é esse guerreiro?

– Tupiauranã.

– Mas, Luandê, por que você não me falou antes de participar da escolha?

– Eu tive medo de você não entender.

– Se eu soubesse o que se passava em seu coração, eu não a teria escolhido! E onde está Tupiauranã agora?

– Ele se retirou da aldeia para a floresta; já havia me dito que se eu fosse a escolhida, ele iria embora para sempre.

Dizendo isto, Luandê esperava que Hauanã a expulsasse da aldeia para que ela fosse ter com Tupiauranã, mas não foi essa a decisão do cacique.

– Luandê, não vou obrigá-la a ser minha mulher. E também vou atrás de Tupiauranã para trazê-lo de volta, pois quero que ele permaneça entre nós.

Ao escutar as palavras de Hauanã, Luandê ficou mais tranquila e pôde ir para a sua própria oca, tendo a certeza de que não precisaria dormir com o cacique e esperando que, embora não pudesse mais ser esposa de Tupiauranã, ele aceitasse voltar para o convívio da tribo. Assim ela o teria por perto e o seu coração ficaria feliz.

No dia seguinte, Hauanã foi para a floresta tentar encontrar o filho do pajé. Ao encontrá-lo sozinho e triste, o cacique lhe falou:

– Tupiauranã, Luandê me contou tudo o que aconteceu entre vocês.

Ao ouvir as palavras de Hauanã, o bravo guerreiro temeu por sua sorte e pela sorte de Luandê, pois os dois se entregaram ao amor antes do casamento, o que era uma grave falta perante os costumes da tribo. A punição seria a morte dos dois, e até mesmo o pajé, que era seu pai, iria ser o primeiro a defender os costumes ancestrais dos Comanches e exigir a morte do filho e de sua amante. Esta também foi uma das razões para a saída de Tupiauranã da tribo, além da decepção com a escolha de sua amada para ser a nova esposa do cacique. Contrariando seus mais profundos temores, contudo, Tupiauranã escutou o cacique lhe dizer:

– Tupiauranã, eu desejo de coração que você volte para o seio do nosso povo. Quero que volte e siga o curso de sua vida normalmente, e ninguém, principalmente seu pai, deverá saber de nosso segredo. E você sabe bem por quê.

– Mas, Hauanã, eu não posso voltar! Estou em dívida com nosso povo!

– Tupiauranã, apenas eu sei o que se passou e o estou perdoando e aceitando de volta em nossa tribo. Apenas lhe peço que nunca traia a minha confiança.

– Sim, cacique, suas palavras são sábias e eu sinto que devo voltar para o meu povo, mas o amor que sinto por Luandê é maior que as minhas forças.

– Eu sei, Tupiauranã, e é por isto que decidi deixar que vocês se encontrem e que vivam este amor tão bonito, embora ela tenha de continuar sendo minha esposa aos olhos da tribo.

Os olhos do guerreiro se encheram de lágrimas.

– Grande cacique, não sei como lhe agradecer por permitir que eu continue amando Luandê, embora perante a tribo ela seja hoje sua esposa.

– O importante, Tupiauranã, é que cuidemos para que este segredo fique apenas entre nós e que vá para o túmulo conosco. Espero que tenhamos tomado a melhor decisão para todos, e que os deuses nos protejam.

As Tramas de Embiaté

Os guerreiros Comanches não tinham como função apenas defender a tribo dos inimigos. Entre eles havia aqueles que saíam da tribo em busca de caça e outros que ficavam auxiliando em tarefas dentro da própria tribo. O guerreiro Tupiauranã era um que ficava na tribo e sua principal função era a de cuidar da sobrevivência e do bem-estar das esposas do cacique.

O cacique e toda a nação Comanche confiavam muito em Tupiauranã no desempenho dessa tarefa. Como Hauanã devia se dedicar ao máximo a resolver os problemas da tribo e algumas vezes precisava se ausentar, a função de cuidar das esposas era muito importante dentro dos costumes. As esposas do cacique mereciam cuidados e deferências especiais, semelhantes aos dispensados às rainhas. Por este motivo, a única obrigação delas era cuidar de seus filhos e auxiliar o cacique no comando do povo, dispensadas do plantio e outras atividades que eram feitas pelas índias Comanches.

Com a permissão de Hauanã para continuar encontrando sua amada, Tupiauranã cuidava das duas primeiras esposas, levando tudo o que elas precisavam, como água e comida, e deixava para cuidar de Luandê por último, para poder ficar mais tempo com ela.

Um dos momentos nos quais as mulheres mais precisavam de cuidados era durante o período menstrual. Para os Comanches, nesses dias as mulheres não podiam desenvolver nenhuma atividade. Não eram autorizadas nem mesmo a deixar suas ocas, além de terem de ficar o tempo todo deitadas em suas redes.

No tempo em que o filho de Embiaté e do cacique estava com 2 anos, Luandê ficou grávida. Tupiauranã procurou Hauanã para dar a notícia, dizendo:

– Cacique, se você não quiser que essa criança venha ao mundo, eu e Luandê, mesmo com muita tristeza no coração, concordaremos que ela seja tirada.

– Nobre guerreiro, essa nova criança que vem aumentar nossa nação é fruto de um amor verdadeiro que eu mesmo permiti que continuasse sendo cultivado. Não é justo agora que vamos desprezar o fruto.

Quando aconteceu a primeira lua cheia após a conversa, o cacique reuniu toda a tribo e anunciou o filho de Luandê como se fosse seu próprio filho. Uma grande festa foi organizada para orar aos deuses pedindo proteção ao novo indiozinho que se preparava para nascer.

Ao saber da notícia, Embiaté ficou extremamente contrariada e não perdia oportunidade de maltratar Luandê para que ela viesse a perder seu filho. Sem saber do segredo entre o cacique, Luandê e Tupiauranã, ela procurou Tupiauranã e pediu que ele fosse até a mata colher algumas ervas para que ela preparasse algo para dar a Luandê. Sabendo das intenções maléficas e temendo pela vida de seu filho e de sua amada, e sem poder correr o risco de que o segredo fosse revelado, Tupiauranã foi para a mata e trouxe ervas diferentes daquelas que Embiaté havia pedido. Ao retornar para a aldeia, disse a ela:

– Trouxe ervas diferentes das que você pediu, mas estas são ainda mais poderosas para tirar a criança!

Acreditando na sinceridade do guerreiro, Embiaté pegou aquelas ervas, preparou o chá e levou para Luandê dizendo que era para fortificá-la e para que corresse tudo bem com a gravidez.

Enquanto isto, preocupado com as intenções de Embiaté, Tupiauranã procurou Hauanã e contou-lhe o ocorrido. Este foi conversar com Embiaté e lhe disse:

– Embiaté, os deuses me revelaram que Luandê bebeu uma erva muito poderosa.

Quando escutou a revelação do cacique, Embiaté ficou receosa de que ele iria revelar as suas verdadeiras intenções de maltratar Luandê e provocar o aborto. Mas a revelação do cacique tomou outro rumo:

– Os deuses me revelaram também que foi você quem deu estas ervas.

– Sim, Hauanã, eu dei estas ervas para Luandê, mas foi Tupiauranã que planejou tudo, pois ele quer prejudicar seu filho – disse Embiaté, tentando ludibriar o cacique e jogar a culpa no guerreiro.

Fingindo acreditar na versão de Embiaté, Hauanã continuou a lhe falar:

– Mas não se preocupe, Embiaté, as ervas que Tupiauranã trouxe são, na verdade, ervas muito poderosas que vão fazer o meu filho e de Luandê crescer muito bem. Ele é abençoado pelos deuses e eu sei que você não tem culpa nenhuma, pois não sabia das intenções ruins de Tupiauranã.

– Pois então – disse Embiaté, querendo prejudicar ainda mais Tupiauranã – você deve castigá-lo!

– Não vai ser necessário, afinal, ele acabou sendo instrumento dos deuses, e as ervas, em vez de prejudicar meu filho, irão na verdade fazer dele uma criança forte e saudável.

Uma Nova Escolha

Quando o filho de Luandê nasceu, Chaurê procurou o cacique e lhe disse que já era tempo de escolher mais uma mulher. O pajé estava movido pelo coração de pai e queria ver a felicidade de Jupira, que pretendia ser uma das escolhidas de Hauanã. Sua real intenção, contudo, estava oculta sob a desculpa de que o cacique precisava gerar novos filhos para garantir a continuidade da tribo.

Chaurê tentava a todo custo evitar que Hauanã se apegasse aos seus filhos, despertando sua atenção para Jupira. Ao agir assim, o pajé aparentava preocupar-se com toda a aldeia, explicando ao cacique que se ele dedicasse muito aos seus pequenos, o restante da tribo ficaria esquecida.

Apesar das intenções ocultas de Chaurê, Hauanã seguia sempre os seus conselhos. Acreditava na sabedoria daquelas palavras, e mesmo que alguém procurasse abrir seus olhos, não conseguia deixar de confiar nas orientações do xamã.

E assim foi feito: marcaram a festa para próxima lua cheia, sendo escolhida a quarta esposa. O cacique saiu caminhando pela tribo sem saber o que fazer, quando encontrou a pequena Iara, filha de Quonar (amigo de seu pai):

– Hauanã, por que está tão pensativo?

– Assim como toda tribo sabe, Chaurê alertou-me da necessidade de uma nova união e isso me preocupa, pois terei de seguir os conselhos do pajé, e será mais uma mulher a quem preciso dedicar carinho e atenção sem saber nem mesmo o que é o amor.

– Não fique assim, Hauanã, as mulheres da tribo esperam com ansiedade esse dia, sem se importar com o amor, pois o mais importante é dividir a vida com você, recebendo carinho e atenção. Eu queria muito já estar pronta para também participar desta que é a festa mais esperada de nossa tribo – disse Iara com olhos brilhantes. – Também sonho em um dia ser sua companheira!

– Você é uma índia muito bela e não merece o destino de ter que dividir seu guerreiro com outras mulheres. Merece arranjar um companheiro que seja só seu – afirmou Hauanã, com o coração batendo rápido.

– Vamos deixar nas mãos do Grande Espírito e que aconteça a vontade Dele. E quanto à sua escolha, se você já tem uma mulher protegida pelo deus do Ar, da Lua e do Fogo, agora pode escolher uma que seja protegida pelo deus da Terra.

– Sim, Iara, seu conselho é sábio e vou segui-lo.

No dia da festa, Hauanã foi ao encontro dos seus filhos e resolveu levá-los ao rio. Durante o caminho, Tupiaurê se interessou pelo som dos pássaros:

– Pai, por que nós não cantamos da mesma forma que os pássaros?

O pequeno Haurendê muito atento responde rapidamente:

– Porque não voamos, e para cantar assim é preciso voar.

Hauanã achou graça, mas se conteve para explicar:

– Não é porque não voamos que não cantamos assim. Tupã, quando criou o mundo, deu a cada criatura um dom: ao homem deu a fala e, por meio dela, nos comunicamos, cantamos, louvamos os deuses. O pássaro usa seu canto para comunicar-se com seu bando de forma majestosa.

Haurendê e Tupiauranã ficaram satisfeitos com a resposta, enquanto Rananchauê, que era pequenino e ainda não caminhava, seguia no colo de Hauanã. Ao chegar no rio, tiveram momentos de alegria e ensinamentos sobre a natureza com seu amado pai. Ao notar que o sol estava alto, o cacique retornou à tribo, com suas energias renovadas.

Como de costume, as três primeiras esposas ajudaram a arrumar e preparar as índias envolvidas com o cerimonial durante todo o dia. Quando começou a cerimônia, sob uma linda lua cheia que clareava toda a aldeia, Chaurê invocou aos deuses como de costume, e as índias iniciaram as apresentações.

Cada índia se apresentava de forma única durante o ritual, trazendo, em sua dança, objetos e passos que representavam o deus que as protegia. A atenção de Hauanã estava voltada para as protegidas do deus da Terra. O cacique então anunciou:

– Para ser a quarta esposa a escolhida é Curulitá.

As três esposas encaminharam a escolhida para a oca do cacique e toda a tribo festejou, menos Jupira, que saiu decepcionada. Ela aguardava ansiosamente cada nova cerimônia para ser uma das escolhidas, mas aparentemente seguia resignada com seu destino.

A difícil vida dos Comanches em terras brasileiras seguia seu curso. O cacique se desdobrava para atender de forma justa suas quatro mulheres e também cuidar dos seus filhos. Quanto às esposas, revezava uma noite em cada tenda. Em alguns momentos, também passava um tempo sozinho em sua própria oca.

Cumprindo o combinado e mantendo velado o segredo que unia três corações, quando precisava ficar com Luandê, ele apenas representava. Enquanto dormia em uma tarimba, ela dormia em outra com seu filho. Para Luandê, Hauanã era um bom amigo; ela tinha grande respeito e admiração por ele e lhe era muito grata.

Embora levasse sua vida normalmente e cumprisse da melhor forma possível sua missão, Hauanã não se sentia feliz. Na verdade, ele invejava a vida dos guerreiros e, mesmo tendo tantos privilégios e a admiração do seu povo, achava que os outros guerreiros é que eram realmente felizes. Diferentemente deles que podiam escolher as esposas que realmente amavam, Hauanã tinha de seguir os costumes e especialmente a vontade do pajé. Ele sentia como se não tivesse vontade e vida própria, sendo apenas uma criação do pajé.

De qualquer forma, como seu coração não estava verdadeiramente ligado a nenhuma das esposas, deixava que a vontade delas se impusesse. Sempre que queria descansar, ia para a oca de Luandê.

Com Curulitá não era diferente, porque Hauanã não a amava, mas tinha de cumprir os costumes e tomá-la como mulher. Além de Luandê, que já tinha encontrado seu amor verdadeiro, também as outras três esposas não nutriam um verdadeiro sentimento de amor pelo cacique, embora pudessem respeitá-lo e ter afeto por ele.

Para elas, contudo, mesmo sem estar ao lado de um grande amor, a posição de esposa do cacique era bastante vantajosa pelas facilidades e *status* que a posição oferecia. Hauanã, em seu íntimo, sabia disto. Sofria resignado e cada vez mais buscava o apoio de Iara que, mesmo ainda sendo pequena, encantava cada vez mais o cacique, com sua pureza e inocência. Hauanã se via envolvido em um intenso sentimento.

E a vida na tribo prosseguia. Na época em que Rananchauê, filho de Luandê, ainda era bebê e só se alimentava ao peito, Curulitá também ficou grávida. Os filhos de Cojupauí e Embiaté já eram grandinhos. Quando saía para caminhar na floresta, era costume que Hauanã levasse os dois filhos. No entanto, seu coração de pai fazia com que às vezes levasse o filho de Luandê consigo, mesmo tendo de carregá-lo o tempo todo ao colo.

Quando o filho de Curulitá já aprendera a se alimentar, novamente Hauanã se viu diante da obrigação de arrumar mais uma esposa. Nessa época, o coração do cacique já batia mais forte por Iara e ele disse para o pajé:

– Gostaria de esperar até que Iara possa ser escolhida como esposa, pois não tenho mais interesse em nenhuma mulher.

– Esta não é a vontade dos deuses; se assim fosse, Iara estaria preparada para ser escolhida – retrucou o velho pajé.

– Mas, Chaurê, eu posso aguardar que Iara esteja pronta para tornar-se minha esposa. O sentimento que tenho por ela é tão puro e me faz tão bem sua companhia, que penso que isto pode ser início do amor verdadeiro, o mesmo que meu pai viveu com minha mãe. Então, eu não precisaria de mais uma união. Sei que sua preocupação é o crescimento da tribo, mas para isso você poderia conversar com Jupira; quem sabe ela também já tenha alguém em seu coração e queira casar-se com um guerreiro para que nossa tribo possa assim crescer?

– Ainda não é o momento para Jupira. Ela está aprendendo a arte xamânica e sonho em realizar a cerimônia da união dela e de Tupiauranã no mesmo dia.

Lembrando de seu segredo com Luandê e Tupiauranã e temendo que sua recusa em arrumar outra esposa pudesse forçar o pajé a arrumar esposa para Tupiauranã, o cacique decidiu mais uma vez atender aos apelos do pajé. Dada à sua enorme confiança e admiração por Chaurê, Hauanã não conseguia perceber que o pajé, mesmo com toda a sua sabedoria, ainda tinha seus defeitos e talvez o maior deles fosse o de querer acumular mais poder e comandar a tribo, não só como pajé, mas também como se estivesse no lugar do cacique. Assim buscava atingir suas metas ao armar novos casamentos para Hauanã, só para forçá-lo a um dia escolher a sua filha Jupira.

Nesse ínterim, o cacique foi se aconselhar com sua mãe:

– Mãe, eu já não sei mais o que fazer com tanta mulher – declarou, desejando que sua mãe pudesse auxiliá-lo a desenlear esse nó feito de muitos novelos.

– Meu filho, você sabe que deve seguir os costumes de nosso povo. E também deve orar a seu pai para que ele lhe inspire sobre sua vontade.

– Eu já não sei mais quem escolher como esposa...

– Você pode escolher a filha de meu irmão.

Entre os Comanches, a escolha de uma prima para mulher não tinha nenhum impedimento, pois eles não consideravam esse parentesco como de sangue; assim como eram os irmãos e os pais e filhos.

– Mas, mamãe, será que Italonã aceitaria? Quem sabe se ela já tem alguém em seu coração?

– Meu filho, você sabe que o amor vem das bênçãos de Tupã com a convivência. Quem sabe ela tem o amor verdadeiro para lhe dar. É uma moça tão boa e abençoada pelos deuses.

– Não acredito que seja ela a mulher que vai me fazer feliz, pois trago em meu coração a pureza, a alegria e a bondade de Iara que me faz tão bem.

– Iara ainda não é moça formada, e já ouvi de Chaurê que ela já passou do tempo e deve ter algum problema.

– Não acredito que Iara possa ter algum tipo de problema; a sua alegria e bondade com todos me fazem crer que ela é uma mulher abençoada pelos deuses, e eu vou pedir a Tupã que um dia ela possa ser minha companheira.

– Mas esse dia pode demorar, meu filho. Enquanto ele não vem você precisa seguir nossos costumes, nosso povo depende de você. E neste momento você não pode olhar para seus sentimentos, e sim para o que vai fazer bem a todos.

– Você está certa, vou seguir seus conselhos, mas vou continuar a pedir a Tupã que me abençoe com um amor verdadeiro.

Seguindo o conselho de sua mãe, na época certa e cumprindo todos os festejos e rituais, o cacique escolheu Italonã como sua quinta esposa. Novamente preterida, Jupira começou a ter perigosas ideias. Saiu dali pensando que suas chances estavam acabando; afinal, Hauanã já estava na quinta esposa e continuava não tendo olhos para ela.

Vendo sua filha sair às pressas, Chaurê foi atrás e a encontrou falando sozinha, chorando e muito nervosa.

– Não fique assim, Jupira, ele há de enxergá-la como mulher. Ele ainda vai perceber que o amor verdadeiro, que tanto procura, só vai encontrar com você.

– Não! Não aceito, mais uma vez eu fui preterida por Hauanã; tantas foram as vezes que me dediquei a estar a seu lado, mostrando-me servil, dócil, prestativa. E ele nunca, papai, me olhou como mulher; sempre me olha como se fosse meu irmão.

– Mas, minha filha, vocês foram criados juntos; na cabeça dele você é a irmã que ele não teve.

– Eu não sou irmã dele! Chega! De agora em diante vou agir diferente, vou me dedicar a conhecer as ervas, vou aprender com o senhor sobre as manifestações dos nossos ancestrais, vou mostrar a ele que não pode viver sem mim.

– Tudo bem, minha filha; agora se acalme e vamos voltar para a festa antes que sintam nossa falta.

– Não! Não volto mais para lá; se perguntarem por mim, diga que já estou deitada.

Chaurê voltou para a festa, preocupado com a revolta de sua filha.

Influenciada por espíritos malfazejos e cega pela paixão por Hauanã, Jupira deitou em sua tarimba e começou a tramar o que faria para mostrar ao cacique e a todos da tribo que ela era a mulher perfeita para Hauanã. Não demorou muito para adormecer.

No dia seguinte, começou sua empreitada. Para conseguir a atenção de Hauanã, pensou em começar a destruir suas mulheres. A primeira seria Italonã. Aproximou-se dela se fazendo passar por amiga. Italonã não percebia as verdadeiras intenções de Jupira e lhe contava tudo que se passava com ela e Hauanã. A falsa amiga, a cada dia, nutria mais ódio e inveja de Italonã.

Na mesma época, Jupira, como filha do pajé, aprendeu muito sobre o xamanismo, embora não fosse uma discípula direta de seu pai. Era costume entre os Comanches que o pajé tivesse seus discípulos. Ele os ia preparando para que, um dia, pudessem substituí-lo. Essa era uma função, contudo, reservada para os homens, e Jupira só teve acesso a alguns conhecimentos por sua proximidade com o pajé.

Certo dia, Italonã procurou Hauanã para falar que lhe daria mais um filho. O cacique, muito feliz com a notícia, saiu pela aldeia comunicando a todos da boa-nova. Jupira, descontente com a situação e cega de ódio, decidiu fazer um feitiço contra Italonã. Para isso, no entanto, teria de agir por conta própria. Chaurê não poderia imaginar os seus planos. E assim fez; preparou tudo e levou para Italonã beber.

– Italonã, soube da boa-nova; fiquei muito feliz por você, preparei um fortificante e vim trazer para que você beba, mas não pode beber tudo de uma vez. Precisa beber um pouco a cada noite. Assim, essa criança nascerá forte e saudável.

– Obrigada, minha amiga, fico feliz com seus cuidados. E não se preocupe, vou fazer direitinho como você está falando.

– Faça mesmo, e tenha cuidado. É somente uma dose a cada noite.

– Sim, não esquecerei.

Quando Jupira saiu, Embiaté foi até a oca de Italonã saber o que ela queria.

– Não se preocupe, Jupira só veio me felicitar pela gravidez e me trazer um preparado de ervas para me fortalecer.

– Tome cuidado! Jupira não é nada confiável. O que ela quer, na verdade, é estar no nosso lugar ao lado de Hauanã.

– Não fale assim, Embiaté. Eu sei que muitas índias queriam estar no nosso lugar, mas não é o caso de Jupira. Ela é filha do pajé, não precisa de Hauanã para ter certos privilégios. Eles também se criaram como se fossem irmãos.

– Pois é; como se fossem, mas não são! Ela quer estar ao lado de Hauanã não pelos privilégios, mas para comandar nossa tribo.

– Não penso dessa forma. Acho que você está sendo injusta.

– Depois não diga que não avisei – Embiaté deu de ombros e saiu.

Passaram-se dias e Italonã não ia para cama sem tomar o tal fortificante que Jupira lhe dera. Quando estava perto de acabar, Jupira trazia mais e Italonã bebia cada dose.

Com o passar do tempo, Italonã foi enfraquecendo; não tinha disposição e ficou triste. Jupira estava sempre junto dela e dizia que o melhor era permanecer na oca. Italonã não participava mais das festas da tribo, não tinha mais disposição para estar com Hauanã. Este, por sua vez, se preocupava com tal situação e procurou Jupira para pedir ajuda.

– Jupira, ando muito preocupado com Italonã. Ela perdeu a vontade de viver. Você sabe me dizer o que está acontecendo?

– Hauanã, não sei se devo lhe dizer; Italonã me pediu segredo. Não sei se é certo.

– Diga-me, por favor!

– É que ela não é feliz ao seu lado. Ela sonhava com outra vida; quando foi escolhida para ser sua mulher, pensou que encontraria o amor ao seu lado. Mas não foi o caso e isso lhe dá grande tristeza.

– Eu faço tudo o que posso para fazê-las felizes, mas o amor verdadeiro não posso dar.

– Às vezes penso que os deuses não estão felizes com suas escolhas, Hauanã. Até hoje você não encontrou o amor verdadeiro que tanto procura.

– É, pode ser que você tenha razão. Vou conversar com Chaurê e perguntar o que ele acha de tudo isso.

– Mas, por favor, tenha cuidado. Ninguém pode saber do que lhe falei sobre Italonã.

– Fique tranquila, não vou falar – Hauanã saiu e foi falar com Chaurê.

– Meu querido amigo! Vim em busca de seus conselhos. Sinto que minhas mulheres não são felizes ao meu lado. Tenho medo de ser castigado pelos deuses.

– Por que diz isso? Está acontecendo algo que não sei?

– É Italonã. Está chegando a hora de o nosso filho nascer e a vejo cada vez mais triste. Não sai da oca, não participa das festas. Sempre reclama de muitas dores nas costas e me manda falar com as outras esposas quando passo em sua oca.

– Há muito eu tinha percebido, mas não queria me intrometer em sua vida conjugal. Não digo que os deuses estão lhe castigando, mas estão mostrando que já é hora de arrumar outra que lhe traga o amor e a alegria que você tanto merece.

– Você tem razão. Deixa meu filho nascer e, na próxima festa da colheita, farei mais uma escolha.

E assim o tempo passou. Quando finalmente chegou o tempo de Italonã parir, nasceu um menino forte, a quem foi dado o nome de Capauasul. Mas as sequelas do parto a deixaram paraplégica. Com essa situação, Italonã ficou ainda mais vulnerável às intenções negativas de Jupira, que disse ao cacique:

– Hauanã, você deve se livrar de Italonã! Afinal de contas, ela foi abandonada pelos deuses e não pode caminhar; não tem serventia para mais nada.

– Jupira! Ela é a mãe de um filho meu e eu nunca poderia me livrar dela ou substituí-la.

– Você age muitas vezes como um tolo, Hauanã! Você poderia arrumar outra esposa não por você, mas pela própria Italonã; para auxiliá-la – Jupira tentava convencer Hauanã a arrumar nova esposa, utilizando-se de todos os argumentos que lhe ocorressem.

A Sexta Esposa

A última conversa com Jupira havia deixado o cacique muito pensativo. Porém, Hauanã estava muitíssimo pesaroso com a sorte de Italonã e resolveu se aconselhar com suas esposas. Sabia que não iria ser fácil, pois elas raramente concordavam entre si. Somente Luandê concordava com as decisões de Hauanã. Ao indagar a opinião de Cojupauí, ela respondeu:

– Acho que você deveria se aconselhar diretamente com o pajé, para que ele invoque os deuses e traga deles a resposta para este problema.

Já Embiaté teve opinião bem diversa:

– Você é tolo, Hauanã. Tudo o que está acontecendo tem a mão de Jupira. Ela está buscando e vai acabar conseguindo tomar conta de tudo, e isto vai ser a nossa desgraça.

Junto à Luandê, encontrou um ombro amigo:

– Hauanã, toda a decisão que você tomar para mim está bom. Pois tudo o que eu queria desta vida você me permitiu, portanto conte comigo para o que precisar.

Em contrapartida, Curulitá lhe disse:

– Penso que você não deve se jogar nesta nova empreitada, pois tudo o que está acontecendo é punição dos deuses, como a doença de Italonã. Eles não estão contentes com você e não é da vontade deles que você tenha sete mulheres. Isto só está trazendo desgraça para nossa aldeia.

Quando foi ter com Italonã, Hauanã foi muito bem acolhido:

– Se for sua vontade, eu não tenho nada contra você escolher uma nova esposa. Pelo contrário, só tenho a lhe agradecer por não deixar que o povo me maltrate e até mesmo tire minha vida. Aliás, Hauanã, seria até bom se você escolhesse uma boa mulher que aceitasse ajudar a cuidar de Capauasul, principalmente agora que ele é criança e eu não estou podendo cuidar direito dele.

Logo após ter falado com suas esposas, finalmente Hauanã foi ter com Chaurê e lhe relatou a opinião das cinco esposas e a de Jupira. Depois lhe perguntou o que ele achava:

– Hauanã, você é o cacique, você decide. Da minha parte, concordo com a opinião de Italonã.

– Se é assim, vamos marcar a escolha para próxima festa da colheita.

Quando Iara soube da festa, foi falar com Hauanã:

– Hauanã, deixa eu participar da festa?

– Mas, Iara, você sabe que ainda não está preparada para isso.

– Eu sei, mas quem sabe eu possa ficar escondida e aprender como é a cerimônia. Um dia quero participar e ser escolhida por você – falou Iara com convicção.

– Está bem! Vou encontrar um bom lugar para ficar escondida e apreciar tudo. Quando vier a próxima lua e for o dia da festa, vou mandar colocar um cesto de vime comprido para que eu sente nele. Vai ser desse cesto que irá apreciar tudo, mas com muito cuidado para não ser descoberta.

– Vou ficar muito feliz em poder assistir a festa, mesmo sem poder estar entre as escolhidas.

Finalmente chegou a lua cheia e estava tudo pronto para a realização da festa. Iara, que estava com cerca de 13 anos, escondeu-se no lugar combinado, sem que ninguém soubesse.

Quando as candidatas a esposa começaram a fazer suas danças, Iara estava eufórica em poder espiar a festa por entre as frestas da palha do cesto. Volta e meia, não se continha e dava umas risadinhas. Hauanã a advertia em voz baixa para que ela não fosse descoberta.

No início da festa o pajé Chaurê chamou toda a tribo e declarou a todos ali presentes que a escolha de mais uma esposa para o cacique se devia ao fato de que Italonã, por causa de sua doença, necessitava de muito apoio e ajuda. Após sua prece, falou:

– Nesta hora eu invoco nossos deuses! Peço-vos que harmonizeis nossa tribo, permitindo que Italonã possa ser curada de sua doença. Abençoai a mulher que for escolhida na noite de hoje. Se Italonã ficar curada, esta será a última esposa do nosso cacique. De qualquer sorte, que se faça a vontade de Tupã!

Na hora da escolha, parecendo até brincadeira dos dueses, Iara, curiosa, resolveu se levantar um pouco para poder espiar melhor e caiu, interrompendo a cerimônia. Sob o olhar reprovador do pajé e de todos os presentes, Iara foi retirada da festa e recebeu um castigo: deveria puxar água para toda a tribo, durante sete dias. Além disso, só poderia sair de sua oca para cumprir o castigo.

Iara nem se preocupou muito com a punição que recebera. No entanto, ficou apreensiva com a possibilidade de todos descobrirem que sua presença na festa era uma combinação com o cacique. Sabia que, mesmo sendo o principal líder de seu povo, estava sujeito às leis e aos costumes, de forma até mesmo mais severa que os demais índios. Pois, como tal, deveria ser o primeiro a honrar os costumes dos antepassados e dar o exemplo para todos.

Em um momento da cerimônia, Jupira pede a palavra e faz um pedido ao pajé e ao cacique.

– Em vez de as pretendentes dançarem todas juntas, como sempre, cada mulher poderia dançar sozinha, uma de cada vez. E que a tribo escolhesse aquela que mais houvesse agradado, e não o próprio Hauanã.

Para o pajé não havia nenhum impedimento e para Hauanã também não. Dada a permissão, todas as 15 pretendentes tiveram a oportunidade de mostrar sua dança individual. No final, a tribo reunida em uma espécie de conselho escolheu Cauelevi, que havia feito a dança mais original, uma evolução feita com bodoque e flecha, na qual ela encenava, durante a dança, o uso do principal recurso de caça dos Comanches, herdado dos antepassados na noite perdida dos tempos.

Felizmente o deslize de Hauanã não foi descoberto. Quanto a Iara, durante os sete dias após a escolha da sexta esposa, chegava cansada à aldeia carregando o catuto cheio de água. O cansaço de Iara, contudo, não era de todo verdadeiro, pois o castigo estava sendo cumprido apenas em uma pequena parte. Hauanã também não aguentou ver sua pequena Iara carregando os catutos cheios de água. Ele mesmo ia até a cachoeira que servia de fonte para a aldeia, enchia os catutos e os transportava por atalhos pouco conhecidos por outros índios, até chegar bem próximo da aldeia. Somente ali os passava para Iara, que chegava à tribo fingindo-se esbaforida.

Além dos catutos que eram recolhidos diretamente da natureza e que serviam para transportar e armazenar água, os Comanches faziam objetos de barro, como panelas e pratos, para preparar e servir sua comida. A arte de trabalhar o barro foi aprendida com os Tupinambás, com quem fizeram grande amizade. Para os Comanches a adaptação foi muito difícil, pois muitos costumes precisaram ser abandonados ou substituídos. A terra brasileira tinha grandes diferenças em relação às terras que eles haviam abandonado.

A relação entre o cacique e Iara ficava cada dia mais forte. A admiração, o carinho e a amizade ficavam mais intensos à medida que o tempo passava. O destino que aproximou Hauanã e Iara já há tempo traçava suas tramas. O pai de Iara era grande amigo de Corondê. E a admiração que ele tinha pelo velho cacique se transferiu para Iara, que acompanhou de perto a amizade dos dois. Principalmente após o desencarne de Corondê, Iara passou a não ter dúvidas de que ele a acompanhava como um anjo guardião.

As Doenças da Terra, do Corpo e da Alma

Jupira ficou muitíssimo decepcionada por novamente ter sido preterida na escolha da esposa do cacique. Nem mesmo sua estratégia de deixar que a própria tribo escolhesse tivera sucesso. Restavam-lhe agora poucas esperanças. Pelas orientações do pajé, Hauanã poderia ter até sete mulheres e ele já havia se casado com seis.

Além do mais, Jupira observava a aproximação crescente entre o cacique e Iara, que não era mais novidade para ninguém. Os dois não conseguiam esconder a satisfação de estarem juntos e não perdiam a oportunidade de que isso acontecesse. A mágoa e a decepção de Jupira foram tomando uma proporção tal que ela caiu doente. Tupiauranã, preocupado com a sorte de sua irmã, foi pedir a Hauanã:

– Cacique, você sabe que Jupira lhe tem na mais alta conta. Também não deve ser novidade que a doença que se abateu sobre o corpo dela é causada por seu coração ferido. Embora eu nem tivesse este direito, gostaria de pedir por minha irmã.

Hauanã fez um sinal de assentimento com a cabeça e Tupiauranã sentiu-se encorajado a continuar:

– O que eu gostaria de pedir é que, se escolher uma nova esposa, você não deixe de lembrar o quanto é importante na vida dela.

Um tanto quanto constrangido – já que seu coração via em Jupira não uma mulher, mas uma irmã – o cacique lembrou de seu papel como condutor e líder de seu povo e, deixando o coração um pouco de lado, respondeu ao guerreiro:

– Não posso lhe prometer que escolherei Jupira. Isto depende de muitas coisas que nem eu mesmo sei, pois pertencem a Tupã e nossos deuses. Mas lhe prometo que não vou escolher outra esposa, sem antes pensar nesta possibilidade com muito carinho. Quando chegar a hora da escolha, não esquecerei do seu pedido, meu amigo.

Os dias se passaram e Jupira continuava doente. Durante todo esse período, Jupira contou com a ajuda de Cauelevi, que não mediu esforços para atender a doente e ajudá-la a recuperar a saúde.

Esse não foi um ano ruim apenas para Jupira e seu coração. Foi o ano mais difícil que os Comanches passaram em seu novo lar. A falta de chuva provocou uma grave seca. Os rios quase secaram, as plantas e as ervas foram minguando e desaparecendo. Chegou um momento em que nada mais brotava do chão e até mesmo os animais foram morrendo.

A rigidez do clima e a falta de comida foram minando a saúde da tribo. Muitas crianças e velhos não resistiram e fizeram sua passagem para o mundo dos espíritos. Nessa época, também faleceram o pai e a mãe de Luandê e ela sofreu muito.

Até o pajé caiu gravemente doente. Quando a sorte do velho xamã já parecia selada, Iara entrou em transe e comunicou-se com o mundo dos espíritos. No mundo que os olhos do corpo não enxergam, Iara – que desde muita nova já demonstrava propensão para profetizar e comunicar-se com os espíritos – avistou-se com o velho cacique, Corondê, que lhe disse:

– Iara, não se assuste, tive permissão de Tupã para vir até aqui pedir sua ajuda para salvar a vida de Chaurê.

– Ó grande cacique! Quanta honra estar diante do senhor. Agradeço a Tupã a oportunidade de servir, ainda mais se eu puder acabar com o sofrimento de nosso pai espiritual.

– Você deve socar a casca do ovo com olhos de peixe e diluir na água de coco; deixe no orvalho por uma noite e dê para ele beber.

– Mas, meu senhor, o que direi para as pessoas se perguntarem qual é a doença dele?

– Diga que ele está com falta de água no corpo e que esse remédio vai resolver o problema.

Iara falou para Hauanã, que ordenou aos discípulos de Chaurê o preparo do remédio para o pajé.

O remédio foi feito de acordo com a visão de Iara e, ao ser dado ao pajé, teve efeito quase imediato. Ele retomou a saúde de forma renovada. A notícia de que Chaurê fora curado pelo dom mediúnico de Iara espalhou-se por toda a tribo. Iara passou a ser muito admirada pelo dom com o qual os deuses haviam lhe presenteado. A euforia do povo pelos talentos de Iara foi tão grande que tudo começou a ficar complicado para ela, que ainda era muito jovem.

Todos os dias muitos índios iam à sua oca para que ela se concentrasse e trouxesse do mundo dos espíritos notícias de seus parentes falecidos. Outros exigiam que ela fizesse uma magia para que a chuva voltasse a cair sobre a terra; entendiam que ela era uma enviada de Tupã e tinha poderes como que milagrosos.

A responsabilidade de Iara perante os problemas do seu povo foi aumentando de forma descontrolada e ela não podia nem ao menos contar mais com seu pai e sua mãe. Com o passar dos dias, a vida de Iara transformou-se profundamente e foi ficando cada vez mais complicada. Embora todo o povo a procurasse, sentia-se sozinha e desamparada. Quase todos buscavam resolver seus próprios problemas; raros eram aqueles – como Hauanã – que se preocupavam com ela. A maioria passou a ver nela apenas um instrumento dos deuses para servi-los e resolver suas mazelas.

Como muitas vezes também não podia contar com a ajuda de Hauanã – que se encontrava envolvido com as coisas da tribo –, Iara chamou por Haraiã, um dos poucos amigos de verdade que lhe restava, e desabafou:

– Amigo, estou desesperada. Não sei mais o que fazer direito da minha vida; parece que quanto mais eu me disponho a auxiliar aos que me procuram, mais meu espírito vai se enfraquecendo...

– Iara, você não deve nunca se esquecer da orientação dos seus amigos espirituais – disse Haraiã, com firmeza. – Se o pajé foi curado pela visão que você teve com Corondê, é a ele que você deve invocar, para que ele mesmo clareie seus caminhos e a ajude a cumprir sua missão aqui na terra.

– Você tem razão, amigo. Eu vou seguir seu conselho.

E assim fez. Logo que foi possível isolar-se do restante da tribo, Iara foi a um local protegido da mata e acendeu uma fogueira para invocar o Deus do Fogo, do qual Corondê era filho. Quando a fogueira ardia alta, Iara concentrou seu pensamento e, com o coração transbordando de fé, invocou a presença de seu amigo. O espírito do velho cacique não tardou a atender as preces de Iara:

– Iara, você deve lembrar dos compromissos que assumiu com os nossos deuses antes de seu espírito vir para esta nova vida terrena. Ilumine seu coração com as verdades que estão contidas no seu íntimo e dirija seus passos pela senda do auxílio ao próximo. Na verdade, Iara, nenhum de nós é separado do outro. Todos nós, mulheres e homens, anciãos ou crianças, somos apenas um. Estamos todos interligados na teia da vida que Tupã teceu para nos servir de morada. Também não estamos separados da irmã-árvore, da irmã-pedra nem dos irmãos-animais. Você precisa entender que todos os encarnados e espíritos são um todo aos olhos de Tupã, que nos criou – o espírito do velho cacique fez uma pausa, para permitir que Iara absorvesse suas palavras, e depois continuou:

– Tupã lhe presenteou nesta vida com um dom muito especial. Use-o da melhor forma possível para auxiliar a todos que a procurarem. Lembre-se sempre de que você é como uma irmã de todas as famílias Comanches. Quando estiver certa do que está fazendo e percorrer com a cabeça erguida o seu Caminho Sagrado, sua vida deixará de ser confusa e você viverá ainda mais feliz – ditas estas últimas palavras, a silhueta do cacique se misturou às chamas da fogueira e desapareceu.

Iara ajoelhou-se e, olhando as chamas, parecia ainda escutar as palavras do seu amigo guardião ardendo vivas no meio da fogueira. Naquele mesmo instante, ela se prostrou em frente do seu Deus Fogo e jurou que se esforçaria ao máximo para não decepcionar Tupã. Em seu coração, a pequena Comanche decidiu que se doaria aos irmãos, usando seu dom para minimizar o sofrimento de todos.

Passavam-se os dias e Iara parecia estar ainda mais madura, como se seu espírito tivesse vivido dez anos em apenas um. Além de utilizar seu dom espiritual, dedicava-se a várias tarefas comunitárias e ainda tinha um carinho especial com as crianças da tribo. Quando terminava suas atividades, Iara juntava a criançada e ficava a entretê-las, sendo muitíssimo querida por todas elas. A admiração do povo por Iara também crescia ano após ano.

O Segredo Descoberto

O amor entre Tupiauranã e Luandê crescia cada vez mais. Embora proibido pelos costumes, o fascínio de um pelo outro e a necessidade cada vez maior de estarem juntos e compartilharem cada instante de suas vidas fez com que os dois passassem a se descuidar em seus encontros secretos. Até o dia em que o inevitável aconteceu.

Já desconfiada do tratamento que Tupiauranã dispensava a Luandê e movida principalmente pelo ciúme, Embiaté passou a vigiá-los. Um dia Embiaté entrou na oca de Luandê e os pegou em flagrante na hora de um beijo. Imediatamente, Embiaté fez menção de sair correndo para espalhar a notícia. Tupiauranã a segurou pelo braço e Luandê foi até Hauanã relatar o acontecido e pedir ajuda. Encontrou o cacique junto ao rio.

– Hauanã, corra até minha oca. Embiaté descobriu o nosso segredo e ameaçou contar tudo para a tribo!

– E como foi que isso aconteceu?

– Ela entrou na oca sem fazer barulho e viu quando nos beijávamos.

– Eu falei que vocês precisavam tomar cuidado.

– Vamos rápido, antes que Tupiauranã não consiga mais segurá-la.

Hauanã voltou rapidamente com Luandê até a tribo e, ao chegar à oca onde estavam Embiaté e Tupiauranã, foi direto ao encontro dela.

– Embiaté, eu lhe peço segredo sobre o que acabou de descobrir. Luandê e Tupiauranã possuem um amor maior que todos os nossos costumes. Infelizmente, só vim a saber disso depois de escolher Luandê como esposa. Não sei se fiz certo ou errado perante Tupã, mas meu coração não teve coragem de afrontar um sentimento tão grande. Consenti que eles continuassem a se encontrar, mesmo sabendo que isto contraria nossos costumes e poderia trazer graves consequências para todos nós. Por isto eu peço – por eles, por mim e por toda a tribo – que você guarde para sempre este segredo.

Embiaté escutou atentamente a fala de Hauanã, ficou alguns segundos pensando e disse:

– Guardarei este segredo para evitar uma catástrofe, mas quero algo em troca, Hauanã.

– O que você quer – perguntou o cacique, resignado.

– Em troca de meu silêncio, eu só quero que você nunca tome Jupira como sua mulher.

– Eu já falei a você que Jupira é minha irmã de coração e que jamais terei nada com ela.

– Se for assim, podem ficar tranquilos. O segredo de vocês estará guardado comigo.

Embiaté saiu e os três se entreolharam preocupados com o acontecimento. Hauanã, então, alertou:

– E vocês, daqui para a frente, precisam tomar mais cuidado. Estão colocando a vida de nós todos em risco.

– Vamos prestar atenção, Hauanã; não nos arriscaremos tanto – disse Luandê.

– E lhe pedimos desculpas pelo que houve. Eu lhe dou minha palavra de que isso não acontecerá mais – dito isso, Tupiauranã se despediu e saiu da oca agradecendo aos deuses por tudo ter acabado bem.

Em Busca do Verdadeiro Amor

Os dias iam passando e os filhos de Hauanã cresciam saudáveis e cheios de vida; apenas Tupibachá causava alguma preocupação por ser portador de necessidades especiais. Nessa época, Tupiaurê – o filho mais velho – já contava com aproximadamente 7 anos. As crianças se davam muito bem e se espelhavam no pai, dizendo que seriam o cacique da tribo. Em suas brincadeiras, um era cacique em um dia, o outro em outro, até que todos ocupassem a função mais importante da tribo.

Mesmo depois de ter seis filhos e seis mulheres, o desejo de encontrar o amor verdadeiro não tinha sido esquecido por Hauanã. Ele amava seus filhos e respeitava suas esposas, mas em seu íntimo alimentava o desejo de poder amar e ser amado, assim como um guerreiro comum.

Sua amizade por Iara há muito já havia se transformado em amor. Ela era quem o fazia suspirar e ajudava a conduzir a tribo sempre para o melhor caminho, apesar de os irmãos Comanches não aceitarem o amor dos dois. Muitos temiam que a união fizesse o jovem cacique esquecer seu povo.

Iara era uma linda índia que amava a vida e sempre esqueceu suas vontades e desejos pelo bem da tribo. Era uma grande amiga e tida como mãe de todo o povo. Sem ver maldade em ninguém, Iara sempre tinha uma palavra de consolo e estímulo para quem se sentisse só e abandonado.

Jupira, percebendo o carinho que Iara tinha com Hauanã, sempre lhe dizia que o cacique não merecia seu amor e dedicação. Argumentava que, enquanto Iara lutava pela tribo, o cacique dedicava seu tempo aos filhos, sequer notando que ela existia. Em determinada ocasião, Iara respondeu:

– O que sinto por Hauanã é tão puro e tão grande, que mesmo dividido entre seus filhos e todo o nosso povo, nunca acabará. Quem não é merecedora deste amor sou eu, querida Jupira, pois Tupã sabe o quanto é puro e bom aquele coração. Certamente já nos reservou uma vida longa juntos, mas não será neste mundo.

– Se não é neste mundo, onde será? No mundo de Tupã?

– Seja onde for, só sabemos que nada nem ninguém destruirá nosso amor.

Os dias se passavam e todos cuidavam de seus afazeres. Iara plantava e também pescava. Brincava com as crianças e as ensinava a pescar. Seu pai era um velho guerreiro da tribo que, pela idade avançada, já não caçava. Ele sempre pedia que Iara arranjasse um bom guerreiro e se tornasse sua esposa. Sentia que suas energias se acabavam e não queria deixar só sua esposa e filha, largadas à sorte. Ela, porém, o consolava:

– Querido papai, bem antes de partires, partirei eu. O Deus Sol nunca deixará de brilhar para ninguém de nosso povo.

E, sempre feliz, Iara contagiava a todos.

Já se aproximava a festa dos deuses na qual o cacique escolhia suas mulheres. Então ele correu até a oca do pajé e lhe confidenciou:

– Já não posso viver longe de Iara. Não consigo mais conduzir o meu povo sem seus conselhos e apoio. Ontem sonhei com meu pai e ele me falou que tenho que ser forte, pois um grande mal se fará presente e colocará o meu povo contra mim, e que é preciso que eu me una com Iara para não fugirmos de nosso destino.

– Mas, meu querido filho, você não entendeu nada. O que entendo que ele quis dizer é que o nosso povo se voltará contra você quando fores se unir com Iara, pois ela não é sábia o bastante para conduzir a todos nós. E o mal que se faria presente será o castigo dos deuses pelo abandono a seu povo e por ser egoísta o bastante para pensar somente em você.

– Não, Chaurê, isto não é egoísmo, é amor. E o amor é mais forte que tudo; mais forte até que o jequitibá mais velho da mata e que nem o tempo consegue tombar.

Nisso ia chegando Jupira; seus olhos brilharam quando viu que seu pai recebia em casa o homem que ela amava. Foi tratando logo de se inteirar do que se passava.

– Hauanã, precisa de ajuda? Posso lhe servir, pois já terminamos as colheitas.

– Não, Jupira. Só vim em busca dos sábios conselhos do pajé. A ajuda que preciso é em relação à festa dos deuses e à escolha de uma mulher para viver a meu lado até o fim de meus dias.

– E já existe uma escolhida?

– Sim, meu coração já escolheu.

– Se a escolhida não for Iara, todo o nosso povo ficará feliz com sua decisão.

– E por que não Iara? Ela faz parte do nosso povo, como você e todas as outras.

– Mas ela não é tão sábia nem forte quanto uma de nós. O que mais parece é que ela nasceu aqui, mas vive em outro mundo, pois conseguiu ver beleza até mesmo nas mais peçonhentas das cobras, não tendo coragem de matá-las, nem que seja para matar a fome de nosso povo.

– Mas isto mostra o quanto ela é pura e boa.

– Não precisamos de pureza e bondade, mas de uma mulher forte para organizar a colheita e sábia para interpretar a vontade dos deuses. E nisso Iara não poderá ajudá-lo.

Vendo que Hauanã não se convencera, Jupira tratou de calar-se, deixando a seu pai a palavra final.

– Hauanã, você é o cacique e a decisão final é sua, mas lembre-se que não é da vontade dos deuses essa união. Se pensar melhor, Jupira lhe quer muito bem e está disposta a ajudar no que for preciso.

O jovem cacique pediu ao pajé que orasse aos deuses, pedindo luz aos seus pensamentos. Depois saiu cabisbaixo e entrou na mata para ficar só. Logo à frente encontrou Iara, que voltava para a tribo com sua colheita. Chamou-a e contou sobre a conversa com o pajé. Iara baixou a cabeça e uma lágrima quis rolar por sua face. O jovem cacique, tomado por uma grande emoção, lhe disse:

– É a você que amo e é com você que quero ficar. Não mais me importa o que nosso povo dirá. Já me sinto forte o bastante para enfrentá-los; se você estiver ao meu lado, nada de mal nos atingirá.

– Mas, meu querido, o nosso povo é muito mais importante que nosso amor.

– E quanto ao sonho que lhe contei, quando meu pai dizia para unir-me a você e não fugir do meu destino?

– É certo que o querido e velho Corondê sabia comandar nosso povo. Era como se habitasse em cada um de nós, guiando-nos sempre pelo melhor caminho. Mas deixemos que os deuses nos guiem; ainda temos tempo até a festa e, então, tomaremos a decisão que eles quiserem. Não desanime, meu querido, pois nosso caminho já está traçado e o que tiver de ser será.

Iara despediu-se e continuou seu caminho, enquanto Hauanã embrenhou-se na mata, até o rio. Ao chegar, já estava escuro e então pediu à deusa da noite permissão para que seu pai fosse até Iara e pedisse por seu filho. Deitou-se na beira do rio e ali mesmo adormeceu.

Na mesma noite Iara, sentada em volta de uma fogueira, pensava na conversa que teve com Hauanã. Eis que surge a imagem do velho cacique por dentro do fogo. Ele olhou-a e disse:

– Querida filha, como queres que se faça a vontade dos deuses se não escutas a voz de teu coração? Já é chegada a hora de assumires o teu compromisso perante nosso povo; mesmo que isso te traga sofrimento e dor, mas esse foi o caminho que escolhemos.

– Mas Hauanã sofrerá muito mais e eu não suportarei isso.

– Filha, Hauanã é muito mais forte que todo nosso povo e, com o sofrimento, ele encontrará sabedoria para vos conduzir à verdade.

Então, a imagem do cacique desapareceu. Iara enxugou as lágrimas que lhe molhavam a face, levantou-se e disse olhando as estrelas:

– A partir de hoje não derramarei uma só lágrima, viverei todos os meus dias somente para o meu querido amor, para que seja feita a vontade de Tupã.

Enquanto o Sol nascia, Hauanã despertava de uma longa noite de sono. Agradeceu à Lua e pediu ao Sol brilhante que seus pensamentos fossem tão claros quanto seus raios que ali se refletiam; e suas palavras tão justas quanto o calor que ele transmitia. Fazendo sua oração, levantou-se e rumou para a aldeia. Chegando lá reuniu a tribo e comunicou:

– A festa dos deuses está próxima. Escolherei a mulher que me trará o amor verdadeiro e viverá comigo até o fim de meus dias.

Seguiram-se os dias e o povo se perguntava quem seria a escolhida. Iara passou a ser vigiada por Jupira, sem que ela soubesse. Nas horas vagas, Jupira tratava de falar que, se a eleita fosse Iara, todos deveriam se voltar contra o cacique. Pensava que Iara não poderia tomar a frente do seu povo. Esse lugar teria de ser dela, que era mais capaz; além de ser a filha do pajé e ter a bênção de todos os deuses.

Iara seguia seus dias normalmente, com a certeza de que seria a escolhida. Sabia que o amor do cacique era somente dela.

Chegado o dia marcado, ao nascer do Sol, o pajé mandou chamar Iara que o encontrou sem questionar. E o pajé falou:

– Iara, como sabe, hoje é o grande dia. Os guerreiros já foram para a mata e as índias mais velhas para o plantio. Somente estão na aldeia as crianças e as caboclas que se apresentarão ao cacique. A Deusa das Águas me falou que a comida servida hoje terá que ser peixe e, como os homens saíram para caçar, não temos quem vá pegar os peixes. Como dentre todas você é quem melhor pesca, queria lhe pedir que fosse até o rio e trouxesse peixe para a festa.

– Claro, sábio pajé. Trarei um cesto cheio de peixe e, antes de o Sol estar no meio da mata, estarei na aldeia.

– Não, querida filha, somente um cesto não será suficiente. Terá que trazer sete cestos de peixes.

– Mas, pajé, o senhor sabe que não terei tempo para encher sete cestos até o entardecer e ainda preparar-me para o ritual da escolha. Como farei?

– Chegue à beira do rio, invoque a Deusa do Rio e ela lhe ajudará.

Iara nada disse. Baixou a cabeça, passou em sua oca para pegar os cestos e foi para o rio. Lá chegando, Iara largou os cestos e começou a rezar:

– Ó grande Deusa das Águas, eu lhe peço que me ampare e não me deixe cair em desespero. Que eu tenha fé na força de Tupã e em sua proteção, e meu amor por Hauanã possa afastar todo mal que nos queiram fazer. Que todos os espíritos amigos possam me ajudar a cumprir mais essa missão dada por vós – Iara, ainda concentrada nas forças que vinham da natureza, sentiu uma leve brisa soprar-lhe o rosto e um leve toque em seu ombro.

– Quem é você e o que faz por aqui?

– Eu sou Iara, pertenço à tribo comanche e vim até o rio cumprir uma missão dada pela Deusa das Águas. E você quem é?

– Não pertenço a essas terras. Vim à procura de alimento para meu povo; não encontrei caça e comecei a pescar. Já consegui quatro cestos de peixe. E que missão é essa que a Deusa das Águas lhe incumbiu?

Iara lhe contou tudo que se passara com ela naquele dia e, por fim, disse:

– Preciso conseguir sete cestos de peixe e voltar para minha aldeia antes que meu amado seja obrigado a fazer sua escolha. Se não, seremos as criaturas mais infelizes desta terra.

– Então vou ajudar você. Trago comigo quatro cestos de peixes, temos que pescar somente mais três. Com certeza teremos a ajuda da mãe das águas; ela não vai querer que sua filha seja a criatura mais triste desta terra.

Os dois começaram a pescar juntos e os peixes foram vindo como que por encanto. Sem que percebessem, os cestos restantes estavam cheios.

Iara não sabia se chorava ou sorria, tamanha era a alegria. Foi quando seu novo amigo, contemplando tanta felicidade, falou:

– Vamos, menina! Você tem uma tribo para alimentar e um casamento para participar.

Iara o abraçou com carinho e disse:

– Não sei o que seria de minha vida se você não tivesse aparecido. Foram os deuses que o enviaram – neste momento, Iara pegou os cestos e, quando olhou para trás, já não viu seu amigo. Emocionada, agradeceu:

– Obrigada, meu amigo...

Embrenhou-se pela mata; orando e agradecendo toda proteção e ajuda que recebeu em sua missão.

Enquanto isso, Jupira e seu pai festejavam, imaginando que Iara levaria dois dias e uma noite para encher sete cestos de peixe. Quando ela chegasse à aldeia, a escolha já estaria feita.

Todas as índias se arrumaram colocando seu melhor cocar para se apresentar bem perante os deuses. O cacique sentiu falta de Iara e foi até a oca do pajé perguntar o que tinha acontecido:

– Pajé, o senhor viu Iara hoje?

– Sim, ela foi até o rio atender a um pedido da Deusa das Águas.

– Que pedido?

– Foi pegar sete cestos de peixes para servir ao nosso povo. Até a hora da escolha ela estará aqui.

– Mas não haverá tempo! O Sol está se pondo e ela ainda não veio.

– Confie, Hauanã. Os deuses sabem o que fazem.

Hauanã saiu preocupado com Iara que não aparecia. Tudo estava pronto e os guerreiros começaram a dançar para Tupã. Sentados à frente do círculo estavam o cacique, sua mãe Chaueritá, Chaurê e seus irmãos. Hauanã estava inquieto por não avistar Iara.

Encerraram-se os louvores a Tupã e o pajé entrou no círculo fazendo sua dança e pedindo aos deuses que protegessem o povo e concedessem saúde ao cacique. Começaram a entrar na roda as índias que dançariam para que o cacique escolhesse sua companheira de todo sempre. Todas dançavam em volta de uma enorme fogueira. Foi quando o pajé deu um sinal e toda tribo calou-se. Era hora da escolha.

Hauanã olhou a todas que esperavam por uma palavra sua, mas sua voz não saía e seus olhos procuravam Iara entre o povo. Foi quando escutaram um grito. Era Iara, com os sete cestos empilhados e cheios de peixes. Uma alegria sem fim brilhou nos olhos de Hauanã. Seu coração queria saltar e todos em silêncio observavam. Ele correu na direção de Iara e disse:

– É esta a minha escolhida! É ela quem eu amo e que vai ficar comigo até o fim dos meus dias.

Depois de um longo silêncio, a tribo começou a dançar aos deuses, agradecendo a escolha. Somente Jupira e o pajé não gostaram. O pajé abençoou a união mesmo a contragosto e foi para sua oca com a filha. Iara aprontou-se, foi para a oca do cacique e ficou aguardando. O cacique dançou para os deuses, com sua mãe e irmãos. Enquanto as mulheres e crianças comiam, os guerreiros o conduziram à sua oca, onde Iara o aguardava.

A Desilusão de Jupira

Após a escolha de Iara como a sétima esposa, Jupira viu cair por terra todas as suas possibilidades de ser feliz ao lado de Hauanã. Corroída pelo ódio, sentindo-se rejeitada pelo homem que amava e abandonada pelos deuses, retirou-se para a mata e fez uma invocação a todos os espíritos malignos:

– Espíritos malfazejos, eu os invoco para que vocês me tornem tão poderosa quanto um raio, tão devastadora quanto a água, tão impiedosa quanto o fogo! Que todas as forças brutas da Natureza se concentrem no meu corpo para que, a partir somente da minha vontade, eu possa tanto criar quanto destruir.

Jupira exclamava aos berros, sentindo-se possuída por forças estranhas, em um transe que fluía do seu coração revoltado e se espalhava em torno dela. Era como se sua energia e desconhecidas energias do Universo se fundissem e se espalhassem na forma de línguas de fogo poderosas, assustadoras e descontroladas.

E Jupira continuava, em seu transe de ódio e desejo de vingança:

– Deste momento em diante, eu juro por todas as forças da Natureza que nunca mais vou querer outro homem em minha vida. Nunca mais um homem vai tocar meu coração! Meu coração agora só tem um objetivo: vingança!

Terminada a macabra invocação e já à noite, Jupira retornou à tribo, dirigindo-se à oca do velho pajé:

– Meu pai, eu te imploro que me recebas como tua discípula. Quero aprender toda a arte comanche do xamanismo, para continuar a tua missão quando fores morar com Tupã.

– Fico feliz, minha filha, pelo seu interesse, mas não é permitido em nossa tribo que uma mulher assuma o meu lugar.

– Não tem problema; eu quero é aprender. Não me importo se vão me aceitar como curandeira. Já que Hauanã não me escolheu, desejo dedicar minha vida a ajudar os meus irmãos da tribo. Não quero mais pensar em outro homem, vou me dedicar somente aos ensinamentos dos deuses

– Jupira, como pai fico triste por você ter fechado seu coração. Mas, como pajé, fico feliz pelo seu interesse em aprender os ensinamentos dos deuses. E mais ainda por querer aprender para auxiliar seus irmãos.

– Não fechei meu coração, meu pai, eu simplesmente quero dedicar ao meu povo o amor que guardei toda minha vida para Hauanã.

Ao escutar o pedido de sua filha, ele exultou de alegria por crer que a intenção de Jupira era se tornar uma continuadora da antiga tradição de sabedoria comanche, da qual ele era o último representante. Embora já tivesse vários discípulos, para Chaurê nada tinha mais valor do que ensinar sua arte para os filhos. Assim, não pestanejou em aceitá-la formalmente como sua dileta discípula.

O velho xamã começou a ensinar tudo o que sabia para sua filha; intuía que não teria tanto tempo assim na terra. Jupira, por sua vez, mostrou-se a mais fiel e aplicada aprendiz que Chaurê teve. Quanto mais o tempo passava, mais Jupira aprendia e ia se candidatando a tornar-se, assim como seu pai fora durante muito tempo, um guia espiritual de seu povo.

Boas-Novas

Iara ia vivendo ao lado de Hauanã e ambos nunca haviam experimentado tanta felicidade. Além de continuar auxiliando seu povo com os dons que Tupã havia lhe dado, Iara se dedicava a cuidar de todos os filhos de Hauanã. Ela costumava reuni-los em sua tenda para ensinar-lhes algo ou simplesmente entretê-los com brincadeiras e algazarras. Hauanã assistia a tudo maravilhado e agradecia a Tupã e a todos os deuses por terem abençoado sua união com a mulher que amava.

Para completar a felicidade do casal, Iara descobriu que esperava uma criança e essa notícia encheu ainda mais o coração do cacique da mais pura alegria. No mesmo dia em que recebera a notícia de sua sétima criança, Hauanã conversava com o filho de Luandê. Esse filho era muito esperto e muito falante e, a certa altura do diálogo, perguntou para Hauanã:

– Pai, por que você não tem uma filha?

– Ora, meu filho! Meu coração exultaria de alegria em ter uma filhinha, mas acho que ainda não tive merecimento perante nosso pai Tupã – respondeu o cacique com os olhos ao largo, imaginando como seria bom ter uma menininha ao lado de seus filhos homens.

Rananchauê pegou Hauanã pela mão e ambos saíram da oca. Fazia um dia majestosamente belo e o menino proferiu palavras proféticas que inundaram o coração de Hauanã de alegria:

– Pai, a criança que Iara está esperando é uma menina!

– Filho, que Tupã abençoe suas palavras e permita que elas se transformem em verdade. Nada neste mundo poderia fazer com que eu e Iara nos tornássemos ainda mais felizes do que já somos ao lado de vocês!

A notícia de que Rananchauê havia profetizado a vinda de uma menina para Iara e Hauanã espalhou-se rapidamente e toda a tribo ficou sabendo da novidade. Todos ficaram muito felizes, menos Jupira. Quando ficou sabendo da história, retirou-se para sua tenda e, utilizando--se do que já havia aprendido com o pai, concentrou-se profundamente, formando a imagem mental do desencarne de Iara durante o parto da pequenina que havia sido anunciada. Dali em diante, Jupira passou a fazer seus trabalhos xamânicos para que a imagem por ela plasmada se tornasse realidade.

Vendo Jupira tão dedicada às artes da pajelança, tanto seu irmão quanto seu pai acreditavam que ela se dedicava com afinco para beneficiar toda a tribo. Eles viam Jupira preparar ervas e também fazer suas rezas e rituais. Nunca poderiam imaginar que, por trás desse aparente trabalho para a tribo, Jupira estivesse tramando uma vingança tão grave.

Enquanto isso, Hauanã estava cheio de felicidade e aproximou-se ainda mais de Iara, que agora ainda trazia em seu ventre a menina com que ele tanto sonhara. Com a maior aproximação dos dois, Hauanã passou a descuidar um pouco das outras esposas, indo cada vez menos à tenda delas. Até que um dia Embiaté – a esposa menos conformada de todas – chamou o cacique para uma conversa e disparou:

– Hauanã, quero saber por que você praticamente não me procura mais e quase não tem ido à minha tenda?

– Embiaté, você sabe que eu não tenho podido, pois as obrigações de cacique me tomam boa parte do tempo. E também preciso cuidar e educar os pequenos.

– Mas como você tem tempo para Iara? – retrucou Embiaté visivelmente contrariada.

– Realmente eu estou mais vezes com Iara, mas é porque ela tem cuidado dos pequenos e, como eu estava dizendo, tenho dedicado o tempo que me sobra a eles. Por essa razão, acabo estando mais vezes junto de Iara – tentou justificar o cacique.

Ao contemplar a face de Embiaté, ao ouvir sua justificativa, Hauanã viu estampada a revolta e a raiva de uma mulher sentindo-se rejeitada. Tentando modificar o rumo da conversa e sinceramente desejando suprir as carências de Embiaté, Hauanã lhe disse:

– Embiaté, talvez realmente eu esteja descuidando das minhas obrigações de marido junto a você; mas se for da sua vontade, estarei mais presente daqui para a frente.

– Não preciso de sua caridade. Pode ir embora daqui agora mesmo – ordenou bravamente.

Os dias se passavam e os filhos de Hauanã cresciam cada vez mais inteligentes e espertos. Apesar do descontentamento de Embiaté e das tramas de vingança de Jupira, a vida do cacique junto à sua predileta ia correndo com muita felicidade. Cada vez mais os dois compartilhavam todos os instantes possíveis juntos: na colheita, na caça, na pescaria; estavam juntos em tudo que faziam. A proximidade entre os dois fez com que Hauanã tomasse uma decisão. Procurou Tupiauranã e comunicou:

– A partir de hoje vou morar com Iara. Entrego minha oca a você e peço que reforce seu cuidado com as outras esposas. Aliás, que cuide de nossa tribo e fique atento a tudo que acontece na aldeia. Se houver algo errado, deve imediatamente me comunicar, para eu tomar as providências necessárias.

– Sinto-me feliz pela confiança e agradeço aos deuses pela oportunidade. Prometo dedicar-me à tarefa designada.

Embora Hauanã fosse de direito o cacique e Tupiauranã seu braço direito e quem, de alguma forma, ficava no lugar de Hauanã quando não estivesse presente, os destinos dos Comanches eram comandados realmente pelo velho pajé. Tanto o cacique quanto Tupiauranã não se sentiam em condições de contrariar as opiniões de Chaurê, que era tido como sábio e o verdadeiro representante não só dos deuses, mas também de Corondê, que olhava a todos do mundo dos espíritos.

A notícia de que o cacique havia deixado sua oca para Tupiauranã e passado a morar na oca de Iara dividiu a tribo.

Quando soube da decisão do cacique, Chaurê chamou Iara e lhe disse:

– Iara, para que Hauanã possa ir morar com você com as bênçãos dos deuses você deverá assumir definitivamente o menino Capauasul, filho de Italonã. Ela mal pode se mover e cuida dele com dificuldades.

– Sábio pajé! Se o povo de nossa tribo concordar com isso, eu passarei a cuidar dele o tempo todo e vou trazê-lo para morar em minha tenda.

Ninguém da aldeia se opôs ao conselho de Chaurê, e o filho de Italonã passou a morar na tenda de Iara, juntamente com seu pai Hauanã. Nessa época, passaram-se dias de muitas alegrias para Iara e Hauanã. Eles adoravam reunir todos os filhos dele e ensinar-lhes o que precisavam para tornarem-se bons guerreiros. Em um dia, os pequenos aprendiam a pescar, o que era diversão garantida; tão importante quanto fisgar os peixes, eram o banho no rio e as brincadeiras com toda aquela água. Em outro dia, os pequenos aprendiam a lidar com a Mãe-Terra, plantando os grãos e mais tarde ralando o milho para o preparo da comida.

Jupira continuava inconformada com sua sorte e não gostou nada de ver Hauanã morando na tenda de Iara. Enquanto Jupira cultivava seu ódio, aprimorava também seus dons xamânicos. O pajé já estava muito fraco e Jupira tomava para si quase todas as funções de seu pai, como, por exemplo, a de receitar os remédios para a tribo.

Na época do nascimento da filha, Iara resolveu procurar Jupira com um pedido:

– Você poderia invocar os deuses para eu ser abençoada e dar ao cacique esta criança forte e saudável? – solicitou Iara, confiante de que aquela que ela considerava amiga iria ajudar-lhe neste intento.

Com um olhar de desprezo e sem dar a mínima importância aos sentimentos de Iara, Jupira respondeu:

– Você vai me desculpar, Iara, mas isto não está ao meu alcance.

– Mas por que, Jupira? Você herdou os poderes de seu pai e poderia me ajudar a dar mais esta filha para Hauanã.

– Eu não posso fazer isso porque não é da vontade de Tupã. O Grande Espírito não deseja que eu invoque os deuses de nossa tribo porque você não foi abençoada... – Jupira esperou uns instantes para ver a reação de Iara. – Você não nasceu para ser mãe, Iara, e deve se conformar com sua sorte, ou então eu estaria contrariando a vontade de nosso pai Tupã.

As palavras de Jupira deixaram Iara confusa. Sem pestanejar, ela saiu da tenda de Jupira e se embrenhou mata adentro, não retornando. Hauanã e toda a tribo passaram a procurá-la, mas passarem-se sete dias sem que ela fosse encontrada.

Hauanã começava a ficar desesperado. Tudo estava tão bem e ele não conseguia imaginar por que Iara havia abandonado a ele e aos filhos, desaparecendo na floresta. Sem dormir desde o desaparecimento de sua amada, o cacique foi vencido pelo sono e sonhou com o seu velho pai, dizendo:

– Filho, não se preocupe, Iara está bem. Quando acordar, você deve ir até a aldeia de nossos amigos Tupinambás e encontrará Iara sã e salva.

Quando despertou do sonho, o cacique saiu de sua tenda e viu que ainda estava escuro. Sem esperar o dia amanhecer, saiu célere em direção à aldeia Tupinambá. Ao chegar à aldeia amiga, já era dia e Hauanã encontrou Iara. Deram um abraço demorado e os olhos de ambos se encheram de lágrimas; aqueles sete dias haviam sido uma eternidade para ambos. De tão emocionada, Iara não conseguia articular as palavras e Hauanã foi chamado pelo cacique Tupinambá para uma conversa:

– Hauanã, sua mulher chegou aqui muito abalada com a revelação de que ela não foi abençoada por Tupã para ter uma criança saudável.

– Mas quem fez esta revelação?

– Isso não vem ao caso neste momento, nobre cacique. Devemos nos preocupar agora é com a sorte de Iara e da filha que está por vir. E foi por essa razão que Iara fugiu, com medo que seus irmãos de tribo maltratassem também sua pequena pelo fato de ela ser doente, assim como Tupibachá, que todos dizem ser filho de Curupira. E eu a acolhi em nossa aldeia por nossa amizade e por ela, pois a tenho na estima de filha. Consultei nosso pajé e ele não concordou com a revelação que lhe pareceu mais da terra do que do espírito. Pedi a ele que preparasse umas ervas para ajudar Iara em seu sonho de poder lhe dar uma criança saudável.

Ao escutar essas palavras do grande amigo, o coração de Hauanã se encheu de alegria de novo:

– Não sei como agradecer pela generosidade de seu povo, irmão que sempre acolheu nossa tribo e agora me ajuda em minha vida pessoal.

Mas a conversa não havia terminado e o amigo Tupinambá revelou a Hauanã algo que tinha um lado muito feliz, mas que também preocupou o coração do cacique:

– Hauanã, tenho ainda algo mais a lhe falar. Pela revelação obtida, nosso pajé disse-nos que você e Iara vão ser abençoados com uma linda menina. Ela vai ser perfeita e trazer muita alegria para você, mas infelizmente trará também muita tristeza para o restante da tribo.

– Como assim, cacique? Não consigo ter clareza dessas suas palavras...

– Não posso revelar mais nada. Tranquiliza seu espírito e procura viver um dia após o outro, na paz de Tupã, fazendo o melhor que pode para que toda a sua tribo encontre saúde e felicidade. Mais tarde, quando chegar a hora marcada por Tupã, compreenderá minhas palavras e também entenderá por que eu não pude revelar a você certas coisas. Confie em Tupã e nos seus desígnios.

Ao mesmo tempo em que Hauanã e o cacique Tupinambá conversavam, Iara agachou-se em um canto e chorava baixinho. Preocupado com Iara, Hauanã indagou:

– Iara, por que está sofrendo tanto?

– Querido Hauanã, eu sinto estar decepcionando você mais uma vez...

– Mas você nunca me decepcionou. Do que está falando?

– Meu coração está triste. Estou destinada a lhe dar apenas uma menina ao invés de um homem, e nem sabemos se vai ser saudável ou não – declarou Iara, agora chorando copiosamente.

– Isto não é razão para você ficar triste, pois tanto homens quanto mulheres precisam vir a este mundo. Se foi destinado a nós que você concebesse uma menina e se ela for doente, assim como Tupibachá, é porque ela tem uma missão a cumprir e nos cabe amá-la. Eu nunca ficaria triste com a vontade de Tupã; é Ele quem está nos destinando esta criança. Vamos receber este espírito que vem até nós com muito amor no coração, pois ele precisa estar entre nós para que se cumpram os desígnios de nossos deuses – afirmou Hauanã, trazendo grande alívio e confiança para o coração sofrido de Iara.

No mesmo dia, Hauanã levou sua amada de volta para a aldeia Comanche. À noite foi preparada uma grande festa para comemorar a volta de Iara sã e salva.

Um Companheiro para Chaueritá

Chaueritá estava muito sozinha desde a morte de Corondê e era preciso encontrar um guerreiro para ser seu novo companheiro. Segundo os costumes, uma mulher do antigo cacique e mãe do atual não poderia ficar desamparada, principalmente porque ela era ainda bastante jovem.

Certo dia Hauanã foi até a oca de sua mãe e lhe disse:

– Mamãe, tenho percebido sua solidão e isso me deixa preocupado. Hoje, no encontro do conselho, comentei com os guerreiros e Chaurê nos lembrou que a senhora, como ex-mulher de um cacique, tem direito a se unir em matrimônio novamente com um guerreiro de sua escolha. Quero saber sua opinião com relação a isso.

– Olha, meu filho, realmente tenho me sentido muito só. Você, depois da união com Iara, pouco vem me visitar. Por outro lado, eu fui tão feliz com seu pai que tenho medo de me aventurar em outro relacionamento e depois me arrepender.

– Eu sei que ao lado de meu pai foi abençoada com um amor verdadeiro e sei também que ando em falta com a senhora. É justamente por isso que pensei que, se tivesse um companheiro, não ficaria tão só. Teria alguém para conversar, para lhe suprir as necessidades, alguém para dividir a vida.

– Pensando dessa forma, poderia ser bom. Eu também seria uma preocupação a menos para você, que já tem tantos afazeres.

– Então podemos anunciar ao povo que a senhora decidiu se casar novamente?

– Pode sim, comunique aos guerreiros mais velhos da tribo a minha decisão.

Foi então lançado um desafio entre os guerreiros mais velhos que não tivessem companheira. Todos eles deveriam sair em uma caçada pela floresta e, àquele que conseguisse trazer a maior caça, seria dada a grande honra de ser o novo marido de Chaueritá. Unir-se à mãe do cacique não era apenas uma honra para um guerreiro, mas a garantia de muitos direitos perante a tribo, com vantagens materiais, além de *status* e respeito.

No dia seguinte ao lançamento do desafio, Gejuitá, um grande guerreiro, chegou à aldeia carregando uma onça. Nenhum outro guerreiro superou sua façanha; ele foi então declarado o novo companheiro da mãe do cacique.

Gejuitá já era um dos componentes do Conselho Tribal e agora passava a ter ainda mais destaque e respeito dentro da tribo Comanche. Como a mãe de Hauanã ainda era jovem, os dois tiveram dois filhos, Iorendê e Marerauni.

O Adeus a Iara

Nove meses se passaram e, em um belo dia, Jupira foi chamada para fazer o parto de Iara, que acabou por dar à luz uma linda menina. Apesar de já estar velho e cansado, Chaurê ainda pôde oferecer a pequenina aos deuses, pedindo a bênção e a proteção deles para a nova filha de Hauanã.

Embora a sua filhinha tivesse nascido com saúde, Iara não passou bem durante o parto; sangrou muito e sua placenta não foi retirada. Jupira, ainda cega pelo seu desejo de vingança a qualquer custo, quando percebeu que a placenta estava sendo expelida, acabou empurrando-a de volta até que ela não pudesse mais sair.

Passado o parto, a saúde de Iara foi piorando cada vez mais. Vendo sua amada definhar a cada dia, Hauanã foi desesperado em busca de Chaurê, mesmo sabendo que ele estava já muito velho e dificilmente teria forças para fazer algo. Confiando, contudo, em sua sabedoria, Hauanã implorou ao velho xamã que intercedesse junto aos deuses para que a vida de Iara pudesse ser salva. Chaurê prometeu fazer as orações e, sem saber da maldade de sua filha, buscou tranquilizar Hauanã:

– Cacique, confie em Tupã e acalme seu espírito. Como você sabe, Jupira está fazendo o tratamento de Iara desde o parto e, estando nas mãos dela, tenho certeza de que nada de ruim acontecerá!

Logo em seguida, no entanto, Iara mandou chamar Hauanã e lhe disse:

– Meu querido, eu sinto que meu tempo na terra está se esgotando, pois meu corpo está enfraquecendo.

– Não, Iara, você não sabe o que está falando – tentou interromper Hauanã, com seu coração quase saindo pela boca e fazendo um tremendo esforço para evitar que a lágrima que se formava em seus olhos derramasse.

– Escute-me, Hauanã, preciso que você apenas me escute, para que meu espírito possa estar tranquilo para minha passagem. Eu só tenho uma coisa para lhe pedir: cuide bem desta pequenina que não vou poder criar. Por favor, não a deixe sofrer...

Agora já não era mais possível para o bravo cacique segurar as lágrimas, que desciam pela sua face. Continuou Iara:

– Arruma também outra companheira, para que ela possa fazer pela nossa pequenina aquilo que eu não poderei fazer. Escolha uma boa mulher, que goste de você e dos pequenos. Peça para que ela faça pela nossa pequena o que eu fiz em vida pelos seus outros filhos!

– Mas, minha amada, eu não quero nenhuma outra mulher na minha vida, além das esposas que Tupã me deu e do amor que sinto por você. Eu não quero que você fale assim; vou pedir a Tupã que traga de volta a sua saúde e tenho a certeza de que nós ainda vamos ser felizes por muitas e muitas luas – tentou argumentar Hauanã, buscando demover sua amada daquele estado de espírito. E continuou:

– Eu vou buscar ajuda junto ao nossa amigo cacique Tupinambá. Se ele pôde nos ajudar para que tivéssemos a felicidade de ganhar de Tupã nossa pequenina, tenho certeza de que ele também poderá restituir sua saúde – falou Hauanã, em tom quase de desespero e tentando encontrar forças para acreditar em suas próprias palavras.

– Por favor, Hauanã, não insista mais nisso porque só vai aumentar nosso sofrimento. Vamos ser sábios e resignados o suficiente para aceitar o destino que Tupã traçou para nós. Embora seja triste partir logo agora que nossa filhinha veio a este mundo, eu só tenho a agradecer a Ele por ter me permitido ficar todos esses anos ao seu lado – balbuciou Iara com a voz embargada de emoção. E reunindo o pouco de forças que lhe restavam, disse por fim ao seu amado:

– Eu peço aos nossos deuses, Hauanã, para que você tenha muita força e sabedoria para conduzir o destino de nossa gente, com amor e respeito.

Hauanã deixou a tenda onde Iara praticamente se despedira dele, mas sem poder aceitar em seu coração que as coisas tivessem tomado esse rumo. Decidiu reunir toda a tribo e contar o sucedido. Na mesma hora, foi decidido que seria feito um ritual de cura para tentar salvar

Iara. Cerimônia preparada, toda a tribo reuniu-se em torno da fogueira e dançaram por horas a dança da cura, invocando os deuses para que afastasse de Iara o espírito do mal que lhe estava provocando a enfermidade.

Enquanto ainda estava sendo realizada a dança, apareceram as outras esposas de Hauanã, trazendo o cocar e o colar de Iara, o que significava que ela acabava de fazer a sua passagem para o mundo dos espíritos. Era o sinal da morte dela, pois daqueles objetos uma mulher só se desfazia quando ia ter com Tupã.

A morte de Iara cobriu toda a tribo Comanche de uma tristeza quase interminável. Dos mais velhos aos menores todos prantearam o desaparecimento de um espírito que em vida tinha sido tão bondoso e cumprido tão bem sua missão junto aos seus irmãos.

O corpo de Iara foi preparado cuidadosamente para a cerimônia fúnebre, quando foi colocado em uma fogueira, e suas cinzas, posteriormente, jogadas sobre o rio. O mesmo rio que muitas vezes fora visitado por Iara em vida, agora recebia de braços abertos as sobras daquele corpo que havia sido a morada temporária de uma alma tão formosa.

Após a cerimônia na qual todos se despediram dos últimos vestígios da vida terrena de Iara, passaram-se muitos dias de luto. Foi um tempo em que a felicidade parecia ter fugido da vida dos Comanches.

Em seu desespero, Hauanã só encontrou forças quando pensou em seus pequenos e especialmente naquela menina que agora só tinha a ele. O sofrido cacique pegou sua filhinha no colo e foi com ela para longe da tribo e, tendo como testemunha apenas os deuses da floresta, jurou:

– Minha filha, nada lhe faltará enquanto eu viver. De agora em diante eu serei ao mesmo tempo seu pai e sua mãe. Não deixarei nunca que você sofra! Juro que só terá alegrias e felicidades nesta vida! E você será chamada de Jupiara, em homenagem a Jupira que a ajudou a nascer, e a Iara, tua mãe e o grande amor de minha vida.

Depois do acontecido com Iara, Hauanã se apegava cada vez mais aos filhos. Então, decidiu levar todos para morar na sua oca. De agora em diante, os pequenos não morariam mais com suas mães, embora todas elas auxiliassem no cuidado deles.

Jupira passou a dedicar-se também ao cuidado da filha de Iara e não media esforços para auxiliá-la e protegê-la. Sabia o quanto aquela pequena era importante para Hauanã. Por essa razão, decidiu auxiliar no que fosse possível na criação dela.

O luto da morte de Iara passou aos poucos e a tribo voltou à sua rotina. Apenas no coração de Hauanã havia uma falta que nunca poderia ser preenchida, embora ele aparentemente demonstrasse ter superado a perda e demonstrasse alegria em alguns momentos, principalmente por ver seus filhos crescerem felizes e saudáveis.

Jupiara crescia perfeitamente. Não se sabe se pelo fato de ser criada ao lado de seis homens, mas ela não gostava das brincadeiras de menina e queria fazer tudo como se fosse um menino. Ela não se envolveu na aprendizagem da plantação nem nas atividades posteriores à colheita dos grãos – tarefas típicas de mulher. Jupiara nem queria ouvir falar em se envolver com elas e Hauanã acabava fazendo todas as suas vontades. Em compensação, queria sempre a presença de seu pai para acompanhá-la até a floresta, pois uma das coisas que mais a fascinava era as lides da caça.

Ela conquistara a simpatia de toda a tribo, não só por ser filha de quem era, mas também por ser uma criança engraçada, especialmente por esse jeito de só fazer atividades masculinas. Quando se olhava para ela no meio da aldeia, era como se fosse filha de toda a tribo; todos se preocupavam e cuidavam dela com muito carinho.

O tempo foi passando e os sete filhos de Hauanã estavam saudáveis, menos Tupibachá. Embora não pudesse fazer as coisas que seus irmãos faziam, recebia também toda a atenção de seu pai. Hauanã era orgulhoso de seus filhos, especialmente pelo fato de que, à medida que foram crescendo em tamanho, também foi aumentando a amizade entre eles. Outra coisa que alegrava o espírito de Hauanã era o fato de que todos eles – com exceção de Tupibachá – faziam de tudo para cuidar e garantir o bem-estar da irmãzinha. Portavam-se como se fossem pais dela e sabiam que, além de ser mulher e a mais nova, infelizmente não tinha mais sua mãe e, portanto, precisava ainda mais da proteção de seus irmãos.

A Revolta do Conselho

Quando chegava a época da colheita, todos os filhos do cacique se envolviam de alguma forma. Era um importante momento da vida dos Comanches. Cada colheita era celebrada com uma festa e todos dançavam alegres, agradecendo aos deuses pela fartura.

Era também na festa da colheita que os índios mais velhos eram chamados para dividir os grãos entre todas as famílias, sempre sob os olhares de Chaurê. Esta, contudo, seria a última vez que o velho xamã iria supervisionar a festa da partilha. Estava já muito velho e cansado e não podia mais cumprir todas as suas funções de orientador espiritual dos Comanches.

Chaurê esperou o momento certo e, já no final da festa, reuniu toda a tribo e falou:

— Meus filhos, eu estou muito cansado e não tenho mais como conduzir espiritualmente nossa tribo. Meu corpo não tem mais a energia da juventude.

Quando os Comanches escutaram as palavras iniciais do discurso do pajé, já sabiam que ele iria anunciar um dos seus discípulos para substituí-lo ainda em vida, enquanto se prepararia para seu encontro com Tupã. Com a atenção de toda a tribo e sem que se ouvisse um único murmúrio, Chaurê anunciou:

— Eu já escolhi a pessoa para me substituir e ocupar a função de orientação espiritual e cura das enfermidades de toda nossa nação Comanche. De agora em diante, minha filha Jupira começará a me substituir como o novo pajé de nossa tribo. Com a minha passagem para o mundo dos espíritos, ela passará definitivamente a ser a xamã que deverá receber a confiança e o respeito de todos vocês.

Para a maioria da tribo a escolha de Jupira não foi novidade, todos sabiam que Chaurê preferia deixar em seu lugar algum parente. E como seu filho não se interessara em seguir o ministério do pai, parecia evidente que ele acabaria escolhendo Jupira. Aliás, nos últimos anos, ela era a mais esforçada e eficiente entre todos os discípulos de Chaurê.

Apesar da importante revelação, o discurso do velho pajé ainda não havia terminado e ele tinha algo importante a dizer ao cacique:

– Hauanã, você também está na época de preparar alguém para substituí-lo. Estou falando de seu filho mais velho, que está com 13 anos e logo poderá tornar-se um guerreiro. No entanto, além de ser mais um guerreiro, ele deverá se dedicar a um aprendizado ainda mais profundo.

– Desculpe-me, Chaurê – respondeu Hauanã, tentando aparentar calma –, mas não posso seguir este seu conselho desta forma. Como você sabe, durante todos esses anos tenho me guiado pela sua sabedoria e raramente deixo de seguir suas orientações. No entanto, agora sinto que não é apenas meu filho mais velho que deve ser preparado para um dia ocupar o meu lugar. A função de cacique é pesada demais para continuar sendo exercida por apenas uma pessoa. Pretendo preparar todos os meus filhos, com exceção de Tupibachá. Juntos, quem sabe eles possam ter sabedoria suficiente para a função de comando de nossa nação indígena.

Durante a fala de Hauanã, o xamã escutou serenamente e, em seu rosto, percebia-se uma certa concordância com as palavras do cacique. Embora Hauanã contasse com a aprovação implícita de Chaurê – que ficou em silêncio e não discordou de sua posição –, o mesmo não aconteceu com os guerreiros que eram membros do Conselho Tribal.

– Cacique Hauanã – falou Gejuitá, o mais velho do Conselho –, pelo que entendi de suas palavras, a função de cacique de nossa tribo é tarefa pesada demais para apenas um homem e por isso você vai preparar todos os seus filhos para exercerem a tarefa simultaneamente. Se isto é verdade, você também não poderia estar sozinho no comando de nossa aldeia. Sendo assim, todos nós, membros do Conselho Tribal, vamos também nos dizer caciques e governar com você.

As palavras do velho guerreiro – um amigo sábio e que sempre o apoiara nas horas mais difíceis – caíram como uma forte trovoada sobre a cabeça de Hauanã. Mas ele preferiu não afrontá-lo por perceber que tinha o apoio dos demais conselheiros. Uma reação de Hauanã poderia trazer consequências muito graves para o destino dos Comanches brasileiros. Mesmo sem uma briga declarada entre Hauanã e o Conselho, a tribo ficou dividida entre os que apoiavam a opinião do cacique e aqueles que concordaram com a posição do Conselho.

No dia seguinte aos acontecimentos que marcariam para sempre a vida dos Comanches, Hauanã recebeu a visita de Embiaté, Luandê e Cauelevi. Elas queriam conversar com ele sobre o que estava acontecendo na tribo. Todas as três procuraram convencê-lo de que ele não poderia deixar que acontecesse a divisão da tribo, argumentando que ele deveria ter voz ativa e tomar uma posição perante o Conselho. Afinal de contas, Hauanã era o cacique e deveria agir como tal. Diante das opiniões das três esposas, Hauanã respondeu:

– Para que possa haver um entendimento com o Conselho eu preciso ceder em alguma coisa e não agir como um déspota. Se eu preciso que o Conselho ceda alguma coisa, devo dar o exemplo.

– Acho que você tem razão, Hauanã. Se a sua vontade é agir com parcimônia diante do Conselho, todos nós devemos concordar – respondeu Luandê.

A opinião da Cauelevi, contudo, era radical:

– Continuo não concordando! Para mim, a melhor atitude a ser tomada é dissolver o Conselho. A tribo já tem o pajé para dar conselhos e orientar o cacique. Da forma como está, o povo fala demais e a ordem das coisas fica comprometida.

– Pois eu acho que Gejuitá deve deixar o Conselho – reagiu raivosamente Embiaté –, já que é ele quem instrui os demais membros. Se tirar o velho Gejuitá do Conselho, fica resolvido o problema.

Ao perceberem que Hauanã estava triste e pensativo, as três esposas resolveram retirar-se e deixar que o cacique pudesse ter um pouco de paz e pensar sobre como resolver a revolta do Conselho.

O Conselho Tribal dos Comanches era composto pelo próprio cacique, pelo pajé e por mais oito Guerreiros. Todos estes eram escolhidos por motivos especiais, e a maioria tinha alguma ligação forte com o cacique ou com o pajé, normalmente laços familiares. Entre eles estava o velho guerreiro Gejuitá – agora casado com a mãe de Hauanã – e o guerreiro que cuidava das esposas de Hauanã, Tupiauranã, filho de Chaurê.

Embora os membros do Conselho sempre tivessem sido guerreiros de confiança do cacique e do pajé, alguma coisa havia se rompido naquele dia. Ficava cada vez mais claro que da parte de alguns conselheiros havia um movimento no sentido de dividir o poder de comando.

Essa possibilidade era perigosa, pois poderia desestruturar a organização social dos Comanches, já que na tradição secular do povo indígena havia a necessidade de um líder supremo. No caso dos Comanches, esse líder se materializava na figura do cacique. Embora sempre precisasse ouvir o pajé e o Conselho, ele detinha o poder concedido pelos deuses de estabelecer a palavra final sobre os destinos da tribo.

Hauanã sabia que algo precisava ser feito. Depois de ter conversado com três de suas esposas, o cacique foi para a tenda de Iara e lá se encontrou com um Espírito que, na mente dele, era o próprio espírito de Iara. Para o cacique, a passagem de Iara tinha sido um golpe duro demais e ele não assimilara completamente a perda de sua amada. Mesmo que o espírito que o acompanhava não fosse o de Iara, ele só conseguia enxergá-la e agia como se ela não tivesse morrido.

Em companhia do espírito, Hauanã se retirou para a mata até chegar à beira do rio que abastecia a tribo. Lá, Hauanã prostou-se de joelhos e suplicou auxílio para a Deusa das Águas. Após muito orar, abatido e exausto pela pressão dos problemas que estava enfrentando, adormeceu e sonhou que caminhava em um deserto. O caminho era longo e se estendia até onde não mais podia-se enxergar. Na medida em que ia caminhando pelo deserto, Hauanã começou a perceber que não estava conseguindo vencer a trilha e que seus pés começavam a afundar na areia.

Quanto mais ele se esforçava para que seus pés ganhassem o caminho, mais ele afundava, até que milagrosamente apareceu seu filho mais velho. Este veio em auxílio do seu pai, mas também não conseguia tirá-lo daquela areia movediça. Logo em seguida apareceram mais alguns dos filhos de Hauanã. E o cacique só conseguiu ser retirado da areia do deserto quando todos os seus filhos chegaram e, segurando firmemente suas mãos e braços, o puxaram com tanta força que caíram por cima uns dos outros. Nesse momento, Hauanã acordou na beira do rio, já com o Sol anunciando a chegada de mais um dia.

Ao retornar para a tribo, o cacique imediatamente mandou reunir o Conselho e contou a eles seu sonho. Após relatar o sonho do deserto, passou a palavra ao pajé, pedindo que ele usasse sua sabedoria para interpretá-lo.

– O seu sonho mostra, Hauanã, que você não pode contar com apenas um dos seus filhos para ajudá-lo em sua missão. O sonho trouxe uma clara mensagem de que, somente com todos os seus filhos reunidos, foi possível auxiliá-lo a sair do buraco onde estava metido. O sonho mostra que a energia de nossa nação está dividida entre todos os seus filhos e que, deste modo, somente contando com todos eles é possível comandar. O sonho também demonstra que você, Hauanã, terá vida longa e seus filhos poderão contar durante muito tempo com sua sabedoria para ajudá-los em suas tarefas de líder de nosso povo.

Durante a fala de Chaurê, nenhum conselheiro se atreveu a interromper. Ao final da fala, espontaneamente todos os conselheiros afirmaram que o sonho do cacique havia sido uma clara mensagem dos deuses e que os deuses entendiam que todos os filhos de Hauanã poderiam se tornar líderes. Nesse caso, não seriam os conselheiros a se opor à vontade dos céus.

A partir daquele dia não houve mais divisão entre os Comanches a respeito de quem deveria auxiliar o cacique no comando da tribo, nem de quem um dia iria sucedê-lo. Todos os filhos de Hauanã foram preparados para serem grandes guerreiros e sábios líderes de seu povo.

Na verdade, a posição do Conselho contrária à decisão de Hauanã em um primeiro momento não se deveu à inveja ou ao ciúme pelo poder concentrado nas mãos do cacique. O que não ficou compreendido foi a necessidade de mudar uma tradição antiquíssima: a de concentrar em apenas um guerreiro a figura de cacique.

Os Comanches eram um povo que buscava viver em harmonia com a ordem natural e respeitava sempre os acontecimentos inevitáveis da vida como vontade dos deuses. Para eles, eram os deuses que escolhiam alguns para ditar as regras e outros para obedecê-las. Comandar não era mais nobre que obedecer, e tanto o líder quanto o seguidor tinham uma tarefa de vida dada pelos poderes supremos que regem os destinos dos homens.

Sinais dos Deuses

Certo dia, Chaueritá foi para a colheita acompanhada de seu marido. Como a plantação ficava um pouco afastada da aldeia, os dois acabaram perdendo a noção da hora e demoraram muito para retornar. Quando perceberam, haviam se embrenhado na mata e já entardecia.

Como era perigoso voltar durante a noite, resolveram pernoitar na mata mesmo, buscando uma toca ou caverna onde pudessem proteger-se durante o sono. Ao entrarem em uma pequena toca no meio de algumas pedras grandes, recobertas de vegetação, foram tomados de surpresa ao encontrar uma pequenina. Envolvida em alguns trapos, a bebê deveria ter sido abandonada há pouco, porque ainda dormia serenamente.

Ao verem a pequenina, entreolharam-se emocionados e ambos acreditaram que aquela menininha era um presente do velho cacique. Ele devia ter feito aquela criança chegar até eles como um verdadeiro óbolo dos deuses. Não tiveram dúvidas de que ficariam com ela e a levaram no outro dia bem cedinho para a aldeia.

Ao chegarem, foram direto ter com o pajé e pedir sua orientação:

– Não tenham dúvidas, meus filhos, de que esta pequenina é um sinal dos deuses. Os deuses estão nos dizendo que foi acertada a decisão de juntar vocês dois como marido e mulher. Esta menina é uma prova viva de que os deuses abençoaram esta união – concluiu Chaurê satisfeito.

O pajé pediu que toda a tribo fosse reunida para explicar como aquele casal e toda a tribo haviam sido abençoados pelos deuses. Chaurê também apresentou a pequenina como o mais novo membro da nação Comanche.

Os dias corriam tranquilos. As mulheres passavam as horas fazendo suas tarefas e, nessa época em particular, cuidando da plantação, especialmente do milho e da mandioca, elementos fundamentais da comida dos Comanches. Os homens se dedicavam à caça e, sempre que um guerreiro conseguia pegar um animal grande, havia festa na tribo; não só pela comida farta, mas também pela façanha daquele irmão.

O filho de Luandê, Rananchauê, crescia saudável e era admirado por Hauanã, porque buscava seguir os costumes. Embora o cacique soubesse que ele não era seu filho legítimo, o menino foi criado com o mesmo amor de todos os outros.

Certo dia de lindo sol, Hauanã decidiu levar seus pequenos para caçar. Esse era um momento muito especial; Hauanã alegrava seu espírito vendo como seus filhos gostavam e se divertiam ao aprender as lições de sobrevivência.

Nessa época, Jupiara, a filha de Hauanã e Iara, estava com 7 anos e, por ser muito apegada ao pai, quis de todo jeito acompanhar a caçada. Contudo, sabendo do perigo da situação, os companheiros da tribo que estavam por perto não aconselharam a ida da menina.

Jupira, que participava da conversa, também afirmou que Jupiara ainda era muito pequena para correr tal perigo. Disse a Hauanã que não se preocupasse, pois ela iria tomar conta da pequena enquanto ele estivesse na mata com os demais filhos.

Hauanã reuniu assim os quatro filhos que já tinham idade suficiente para aprender a caçar e retirou-se para a mata. O cacique, contudo, não estava tranquilo. Seu coração apertava sem que ele soubesse exatamente o motivo. Ele temia pela sorte de sua pequenina. Hauanã prometia a si mesmo que um dia ele promoveria uma caçada para levar somente a sua filha amada.

A Primeira Caçada

Naquele dia, o cacique comanche embrenhou-se na mata com quatro dos seus filhos. Capauasul, Jupiara e Tupibachá ficaram na aldeia, sob os cuidados de Jupira. Antes de partir para uma tradição de fundamental importância para os futuros guerreiros Comanches – que era a aprendizagem da arte sagrada da caçada –, Hauanã, inquieto, insistiu com sua velha amiga:

– Jupira, peço pelo amor dos deuses que você tome conta com muito cuidado de Tupibachá; ele é o que mais precisa, já que não consegue fazer as coisas por si mesmo!

A preocupação de Hauanã era um tanto indefinida com relação às intenções ocultas de Jupira, mas era bem justificada com relação à sua menina. Sabia que ela tinha muito ciúme de Tupibachá, que estava na casa dos 9 anos, especialmente porque ele, naquelas condições de saúde, acabava recebendo mais atenção de Hauanã.

Outra preocupação justificada do cacique era com relação à tribo, porque para ele era muito duro imaginar que o povo fosse tratar seu filho como um amaldiçoado dos deuses pelo fato de ter nascido com a cabeça mole.

Apesar de tantas preocupações, a caçada ocorreu da melhor forma possível. Todos estavam empenhados em se tornar verdadeiros aprendizes, além de se divertirem muito, já que a mata oferecia mil e uma novidades, desafios e oportunidades de brincadeiras.

O manejo do bodoque era um dos pontos altos da aprendizagem da caça; uma saudável disputa fazia com que cada um se esforçasse para manusear a arma da melhor forma possível, embora muitas vezes os manuseios desajeitados acabassem rendendo sonoras gargalhadas.

O rio também era um dos momentos de maior felicidade. Sempre que os meninos se aproximavam do rio e tinham a permissão para atirarem-se nele, a festa estava completa. Nadar era para eles como se entregar aos braços da Deusa das Águas e serem abençoados e protegidos por ela.

Nesse dia, os pequenos guerreiros ficaram conhecendo de verdade o que era uma caçada e por que ela era uma tradição tão importante para os homens desse povo. Uma das lições mais importantes era a de que todo caçador tinha a obrigação de ser um protetor da mata: única forma de garantir também as bênçãos de Tupã e a proteção do Deus da Floresta. Aprenderam que nem tudo era permitido comer, razão pela qual eles precisavam prestar bastante atenção nas lições do pai para aprender a distinguir o que podia e o que não podia ser caçado. Animais maiores como anta, jaguatirica e jacaré podiam ser caçados para servir de alimento, mas outros como o macaco, a arara, o papagaio e outros pássaros menores deveriam ser poupados. Lobo, golfinho e cobra também não deveriam ser mortos, mas lebres e os peixes do rio sim.

Como a caçada se prolongou, Hauanã decidiu acampar com eles na mata e passar a noite por lá, retornando no dia seguinte. No caminho de volta, Rananchauê foi picado por uma cobra venenosa. Mas até esse acontecimento ruim serviu de importante lição de sobrevivência para os pequenos. Hauanã mandou que imediatamente Tupiaurê – que já contava com 13 anos e meio – apanhasse determinado tipo de cipó e amarrou acima do ferimento. Com a ponta da flecha abriu o local da picada, sugou o veneno que ainda estava ali e cuspiu. Depois desse procedimento, esquentou algumas folhas de mamoeira que foram colocadas sobre o ferimento.

Ao chegar à oca de Luandê, Hauanã não foi bem recebido:

– Como isto pôde acontecer exatamente com meu filho? Com certeza você não cuidou dele com a mesma atenção dispensada aos outros. Você está se vingando, Hauanã, e isto não é aceitável perante os deuses!

– Você não está vendo as coisas com clareza – disse Hauanã. – Seu coração de mãe está preocupado e triste. Se houvesse algum motivo de vingança, seria contra você e não contra Rananchauê, que não tem nada a ver com a atitude dos adultos.

Escutando a discussão dos dois, os demais filhos que acompanhavam tudo tentaram convencer Luandê, dizendo que não foi descuido de ninguém, já que o bicho apareceu sorrateiramente, sem que ninguém percebesse. Apesar do testemunho dos meninos, a raiva dela não a permitia considerar nenhuma outra explicação a não ser a de que seu filho poderia perder a vida e que a culpa era de Hauanã que, sabendo que aquele não era um filho legítimo, não teria cuidado dele como dos demais.

Após Hauanã ter deixado a oca de Luandê, levando consigo Rananchauê, Jupira foi até a oca de Luandê reforçar as desconfianças:

– Embora ele não admita, você está com razão. Hauanã não está agindo corretamente, só cuida dos filhos das esposas de que ele gosta, desprezando os demais, inclusive o seu!

Desconhecendo que Jupira colocava mais lenha na fogueira e preocupado em salvar a vida do menino, Hauanã o levou consigo até a tenda do velho pajé, pedindo que ele lá ficasse até melhorar.

Desse momento em diante passaram-se sete dias que pareciam uma eternidade para o cacique. O menino piorou muito e o pajé avisou a Hauanã e Luandê:

– Durante esses dias todos não foi possível curar o filho de vocês. A mim me parece que os deuses o estão chamando e que não é possível fazer mais nada por ele: apenas entregar-lhe nos braços de Tupã. Eu já fiz o que podia fazer!

– Pois se ele morrer, eu também vou tirar a minha vida. Ela não terá mais sentido, pois Tupã me terá abandonado – disse Luandê, chorando desesperadamente.

Quando a notícia do que tinha acontecido na oca do pajé se espalhou pela aldeia, causou profunda apreensão a todos. Na tradição Comanche, tirar a vida voluntariamente era uma falta tão grave que a ira dos deuses se abateria sobre todos da tribo. Por esta razão e temendo que uma verdadeira desgraça se abatesse, todos se reuniram em vigília e pediram aos deuses, por meio de orações e oferendas, que olhassem pela vida de Rananchauê.

Na noite do oitavo dia após o acidente, Jupiara acordou de madrugada e chamou por Hauanã:

– Pai, minha mãe está chamando!

– Calma, filhinha, sua mãe não pode estar chamando, já que ela está morando com os deuses e não mais entre nós.

– Mas eu tenho certeza, ela está lá na frente chamando...

– Mas, filha, você nem ao menos chegou a conhecer sua mãe, como pode saber que é ela?

– Pai, eu vi alguém que não é mais deste mundo e que me disse que era minha mãe...

Diante da insistência de Jupiara e querendo acreditar no fundo de sua alma que Iara poderia realmente estar se comunicando com sua filha, Hauanã pegou-a pela mão, saiu com ela da oca e acompanhou-a mata adentro, enquanto Jupiara seguia o caminho indicado pelo espírito que se fazia visível para ela.

Durante a caminhada, o espírito de Iara disse para sua filha – e esta transmitiu para Hauanã – que iria ajudar a encontrar o remédio certo para salvar a vida de Rananchauê.

Depois de ter feito uma grande caminhada, quase chegando à tribo dos Tupinambás, Iara mandou que eles encontrassem por ali uma planta chamada pau pelado, comum naquelas redondezas. Pediu que fossem apanhados sete galhos, sendo que três deveriam ser chás e quatro macerados. Depois de pronta a mistura, o ferimento deveria ser bem lavado e o remédio colocado sobre o mesmo. Também deveriam ser pescados três peixes, cujos olhos deveriam ser retirados e usados para a preparação de um chá que o menino doente precisava beber.

Após terem encontrado o pau pelado e colhidos sete galhos, conforme a instrução do espírito, Hauanã e Jupiara voltaram imediatamente para a aldeia e entregaram a erva para o pajé, pedindo que ele preparasse o remédio conforme as instruções recebidas. Incontinente, o cacique foi para o rio para pescar os três peixes e completar o tratamento que deveria salvar a vida de seu filho, evitando assim uma grande tragédia para os Comanches.

Quando retornou com os peixes, o cacique pôde então contar para o pajé, com mais detalhes, o que tinha acontecido. O pajé comentou:

– A aparição de Iara, com certeza, está sob as bênçãos de Tupã. Creio que agora tudo será resolvido da melhor maneira. Vamos dar a Rananchauê os dois remédios e convocar para esta noite uma vigília de toda a tribo para agradecer a assistência dos deuses e orar pela melhora do seu filho.

No dia seguinte, já pela manhã, Rananchauê apresentou significativa melhora. Abriu os olhos e falou, depois de oito dias desfalecido.

Luandê, desde que o menino fora picado pela cobra, não havia passado bem. Praticamente em voto de silêncio, cultivava uma grande mágoa e quase não dirigia a palavra a ninguém. Ficava o dia todo culpando Hauanã por seu filho estar à beira da morte e prometia a si mesma que cumpriria o juramento do suicídio, caso seu filho não voltasse à vida.

Logo que soube da melhora de Rananchauê, o guerreiro filho do pajé – que tinha procurado manter-se a distância da situação para não levantar quaisquer suspeitas –, foi feliz até a tenda para dar as boas-novas: o filho deles estava melhorando a olhos vistos!

– Tire da cabeça aquela ideia absurda de suicídio. Essa era uma atitude que entristeceria Tupã, que dá a vida na terra como o bem mais precioso para a evolução do nosso espírito – disse a Luandê.

Ela saiu em disparada até a tenda do pajé e ficou exultante ao encontrar o seu filho melhor. Deu-lhe um longo abraço e muitos beijinhos, como só as mães sabem fazer. Ao ver a cena, todos na tenda se enterneceram com o amor daquela mãe por seu filho, a ponto de ela ter prometido desistir da vida.

Aproveitando a alegria do momento, disse o pajé:

– Filha, eu soube que você acusou Hauanã de ser o responsável pela doença do seu menino – olhando profundamente em seus olhos, enquanto ela escutava resignada. – Você não agiu corretamente, pois a mordida do bicho no seu filho foi obra do acaso e poderia ter sido em qualquer outro, inclusive no próprio Hauanã. Agora, você deve pedir perdão a Tupã por ter prometido atentar contra a própria vida. Só Ele a concede e, portanto, só Ele poderá tirá-la. É o momento também de você perdoar o cacique pelo incidente e voltar a conviver com ele com o mesmo carinho e respeito de sempre.

Ela então prometeu a Chaurê que seguiria seus conselhos, e o pajé determinou que fosse preparada uma grande festa para a noite seguinte, em agradecimento aos deuses pelo retorno de Rananchauê à vida.

Praticando a Vingança

Os dias corriam bem entre os Comanches, mas Jupira não desistiu de seu intento. Seguidamente falava com Luandê e insistia:

– Você deve cobrar mais atenção de Hauanã. Você é esposa a que ele menos se dedica e deve no mínimo exigir que ele fique mais tempo com você. Como sabe, eu gosto muito do cacique e somos como irmãos desde pequenos; é por isso que eu quero clarear a sua cabeça, quero que ele cumpra seus deveres de marido.

Enquanto Jupira falava como que em transe, Luandê escutava pacientemente e ficava imaginando como Jupira reagiria se soubesse a verdade. Principalmente se descobrisse que a falta de dedicação de Hauanã era conveniente a ambos, já que seu coração batia em outra direção.

Jupira, no entanto, continuava tentando envenenar a alma de Luandê, já ferida com o episódio envolvendo seu filho:

– Você não enxerga que, na verdade, apenas Cauelevi tem a atenção dele? Você precisa fazer algo imediatamente. Enquanto Cauelevi existir, Hauanã não vai tratar os filhos das outras esposas como deve!

Jupira parecia satisfeita em ver que Luandê estava dando ouvidos ao que ela dizia e arrematou:

– Eu tenho uma proposta para lhe fazer.

– O que é, Jupira?

– Se você quiser, eu posso preparar um feitiço para que nós duas possamos dar um jeito em Cauelevi e, assim, os meninos e Jupiara podem ter uma vida melhor junto ao seu pai.

– Jupira, o que você está propondo é muito sério. Eu preciso de um tempo para pensar. Depois a procuro.

Sabendo da gravidade do que Jupira tinha proposto, Luandê ficou três dias sem falar e sem comer, meditando nas palavras da filha de Chaurê. Sem conseguir chegar a uma conclusão, no final do terceiro dia foi falar com Tupiauranã e contou-lhe todo o ocorrido.

– Luandê, você deve falar para Jupira não maltratar Cauelevi, mas apenas dar um susto nela. Quem sabe assim ela se conscientize de que é preciso falar para Hauanã dar mais atenção a todos os seus filhos – falou Tupiauranã.

Ela combinou com Jupira que o feitiço era só para dar um susto em Cauelevi. Jupira fez um chá e deu para Luandê, que se encarregaria de fazer com que Cauelevi tomasse. Dito e feito. O preparado não demorou a fazer efeito e, em pouco tempo, Cauelevi ficou totalmente fora de si. Não tinha mais o controle da sua mente, não sabia onde estava nem o que estava fazendo. Ao vê-la naquele estado toda a tribo se entristeceu, principalmente porque ela já era uma mulher bastante sofrida.

No momento em que Cauelevi estava tomando o chá, sua irmã Itarim foi fazer-lhe uma visita. Vendo que a irmã ficou ruim logo em seguida, Itarim ligou os fatos e resolveu ir até Hauanã relatar o ocorrido. Ao ouvir o relato, Hauanã resolveu aconselhar-se com Chauendê, que tinha vindo para o Brasil pequeno como Hauanã e era como se fosse seu irmão. Contou-lhe a versão que Itarim tinha apresentado a respeito da súbita moléstia de Cauelevi, e perguntou-lhe:

– Chauendê, você é um dos guerreiros mais sábios da nossa tribo. O que faria nessa situação?

– Meu amigo, acho que você deve buscar a verdade acima de qualquer coisa. Você tem um coração muito grande, quer sempre ver o lado bom e não os defeitos das pessoas. Mas, neste caso, é importante que você saiba de toda a história para não correr o risco de acusar alguém sem saber toda a verdade.

Seguindo o conselho do amigo, foi até a oca de Luandê e perguntou-lhe sobre o ocorrido:

– Eu não vou mentir para você, Hauanã, realmente dei o chá para ela, mas não sabia que o efeito seria esse. Achei que ela teria apenas um mal-estar.

– Eu quero, então, que você conte toda a verdade.

Luandê contou toda a conversa e o combinado com Jupira. Logo em seguida, o cacique foi até o altar e indagou Jupira, que também não desmentiu que tinha feito o chá, mas procurou minimizar o ocorrido:

– Fui eu mesma que fiz o preparado, Hauanã, mas o fiz para tranquilizar Luandê. Sem saber, acabei colocando mais erva do que o necessário.

Depois de escutar as versões, conforme recomendou seu amigo, levou tudo para o Conselho, que decidiu chamar Jupira e Luandê. O primeiro a falar foi o pajé:

– Jupira, você deve agora preparar outro chá, para fazer com que Cauelevi fique curada. E quanto a você, Luandê, deverá ficar amparando-a enquanto ela estiver doente.

– Eu não posso me comprometer com isso – respondeu Luandê. – Tenho de cuidar de meu filho que, depois de ter sido picado por cobra, ficou morando comigo.

– Se o Conselho permitir – interviu Tupiauranã –, eu posso ficar com a responsabilidade de cuidar dela enquanto estiver doente.

O Conselho assentiu, e Tupiauranã cuidou de Cauelevi durante 14 dias.

Itarim é Expulsa da Tribo

Na época em que Cauelevi recobrou sua razão, todo o episódio já estava como que esquecido e as atenções de todos estavam direcionadas para a lavoura, pois era o momento de fazer a colheita. Cauelevi chamou seu marido, porque precisava contar-lhe algo:

– Hauanã, eu estou muito aflita, descobri que minha irmã está contrariando os costumes de nossa tribo.

– O que está acontecendo com ela?

– Já há algum tempo ando desconfiada de que ela anda se encontrando às escondidas com Arapiá, e eu sei do rigor de nossos costumes, que não permite esse tipo de encontro sem que você tivesse autorizado. Infelizmente a paixão deles está deixando-os cegos, e eu tenho medo de que o pior venha acontecer. Por favor, Hauanã, faça alguma coisa por eles.

– Cauelevi, como você mesma disse, a paixão cega as pessoas e, se eles estão apaixonados, pouco vou poder fazer. Posso procurá-los e oferecer-me para falar com Chaurê para que abençoe essa união.

– Mais não vai adiantar. Arapiá já está comprometido com Hasporim.

– Então, se é assim, vou vigiá-lo para que esses encontros não mais aconteçam.

– Tupiauranã – convocou o cacique –, eu gostaria que você acompanhasse as mulheres até a colheita e não perdesse Itarim de vista. Se por acaso Arapiá se aproximar dela, redobre a atenção.

– A colheita corria como de costume. A safra daquele ano havia sido muito boa. Em determinado momento Itarim aproximou-se de Tupiauranã e começou uma conversa nada agradável para com ele:

– Você, como guerreiro integrante do Conselho, deve saber que Luandê, apesar de esposa do cacique, não vale nada. Você, que tem mais força ainda porque também é filho do pajé, deveria fazer algo para colocá-la para fora da tribo. Eu estou sabendo de comentários de que ela tem outro homem, só não sei quem é. E se você for levar essa história adiante, eu ficarei sempre ao seu lado. Eu não vou descansar até descobrir quem é esse homem com quem ela está indo para a tarimba.

Temendo que Itarim viesse a realmente descobrir toda a verdade e tentando achar um jeito de ela não se revoltar ainda mais contra Luandê, Tupiauranã buscou ganhar a confiança dela, escutando o que ela tinha a dizer e não se colocando contra. Pensava em ganhar algum tempo e agir corretamente para que a história não acabasse mal.

A partir desse momento, o filho do pajé passou a vigiar com cuidado Itarim para atender ao pedido de Hauanã e também porque temia que ela fizesse algo contra Luandê. Acabou descobrindo que ela também tinha um homem com quem ia para a tarimba, contrariando as leis da tribo. Tupiauranã resolveu então contar tudo a Hauanã. Achava que Itarim estava sendo desleal com o cacique ao se envolver com um homem comprometido. Além do mais, o caso nem era de amor verdadeiro. Havia, ainda, outro desejo secreto a mover o guerreiro. Ao ser revelada a atitude de Itarim, suas palavras também perderiam o valor, o que, de alguma forma, poderia proteger Luandê dos possíveis ataques que ela lhe fizesse.

Ao escutar a fala do guerreiro, Hauanã chamou Itarim para esclarecer a história e sua surpresa foi maior ainda:

– Cacique, é verdade que eu estou me encontrando às escondidas com Arapiá – engasgou um pouco e continuou... – E já faz algumas luas que meu sangue deveria ter vindo.

– E Arapiá não é o homem que está prometido a Hasporim? – retrucou Hauanã.

– Sim, Arapiá já está prometido e só por isso nos encontramos às escondidas – falou pesarosa e consciente de que graves consequências os esperavam.

O cacique mandou chamar o guerreiro e indagou-lhe o ocorrido.

– Infelizmente é verdade o que está acontecendo, mas eu quero me unir a ela, para ficar tudo de acordo com nossa lei.

– E o que vai dizer a família de Hasporim? – perguntou o cacique.

– Não sei, preciso fazer alguma coisa para que Hasporim me perdoe, pois eu cresci sabendo que ela era a mulher que estava destinada a mim. Errei com Itarim e, sendo ela sangue da mulher do cacique, não posso abandoná-la.

– Por isso não, Arapiá. Você não tem que ficar do meu lado por ser eu irmã da mulher do cacique. Se o motivo é esse, corra e vá se juntar a Hasporim.

– Minha querida Itarim, um dia lhe disse que estaria sempre ao seu lado e eu sou um guerreiro, não volto atrás na minha palavra. Aconteça o que acontecer, vou suportar tudo ao seu lado.

Hauanã mandou chamar o pajé para ouvi-lo sobre o pedido de Arapiá:

– Eu não acho correto abençoar esta união, Hauanã, já que eles não seguiram os costumes e têm que ser punidos por desobedecerem aos deuses. Diante das circunstâncias, eu, como pajé desta tribo, condeno Itarim a ficar na tribo somente até esta criança nascer e, quanto a você, Arapiá, já pode ir embora! Quando ela ganhar o filho, você pode vir até aqui apenas para pegá-la e depois ambos devem ir embora.

Arapiá não falou uma palavra. Arrumou suas coisas e foi procurar outra morada. Itarim foi confinada em uma oca, sem praticamente poder sair, durante o tempo da gestação.

Tão logo ganhou o pequeno, Arapiá foi pegá-la e ambos foram morar com os Tupinambás, que já haviam acolhido Arapiá.

Esse foi um dia muito triste, não somente para ela, mas para todos os Comanches. A maioria era favorável à expulsão da tribo, mas não deixava de se penalizar pela situação. Cauelevi estava inconformada com a sorte da irmã e falou mais uma vez com seu marido:

– Hauanã, rogo-lhe que a punição de minha irmã seja revogada e todo esse sofrimento seja eliminado.

– Infelizmente não posso fazer isso porque ela feriu os nossos costumes e nem eu, como cacique, posso ignorar a lei dos nossos ancestrais.

Ao perceber que sua rogativa não teria efeito, o coração de Cauelevi foi tomado de indignação e ela não mediu mais as palavras:

– Hauanã, você é cacique apenas para os deuses saberem que nossa tribo tem um, mas na verdade você não manda nada; é o velho feiticeiro que comanda nossos destinos.

– Acho que você não sabe o que está falando, eu faço a minha parte e o pajé faz a dele, conforme o desígnio dos deuses. Mas entendo por que você está falando desse jeito, pois seu coração está muito magoado.

– Se nada for feito para segurar minha irmã, ela vai acabar desaparecendo e eu nunca mais vou vê-la...

Percebendo que esse diálogo não acabaria bem, Hauanã baixou a cabeça e saiu pensando nas palavras de sua esposa. Mentalmente, rapidamente recordou sua vida e lembrou que perdera seu pai muito cedo, crescendo na tribo. No seu íntimo, era verdade que ele se considerava menos cacique do que irmão de todos na tribo, mas não podia concordar que fosse apenas uma marionete nas mãos do xamã que ele tanto respeitava. Hauanã sentia o peso de ser cacique, quando na verdade ele nunca desejou sê-lo. Tudo o que queria era ter a mesma liberdade e felicidade que desejava para toda a tribo. Por isso, antes de exercer seu poder, ele procurou ser mais um irmão que só queria viver bem e ser feliz com todos.

Após pensar muito no diálogo com Cauelevi, Hauanã tomou uma decisão corajosa: mesmo sabendo que não poderia tomar alguma decisão sozinho, desrespeitou os costumes e reuniu o Conselho para tentar interceder pela irmã de sua esposa:

– Nobres guerreiros, convoquei esta reunião para decidirmos sobre o destino de Itarim. Essa situação está trazendo muitos sofrimentos para nosso povo. Gostaria que vocês analisassem a possibilidade de permitir que ela continue entre nós ou que, pelo menos, ela possa levar o filho dela.

Após um rápido debate, um dos guerreiros falou em nome do Conselho:

– Não podemos autorizar nem uma coisa nem outra. Ela precisa ir embora. Caso contrário, um mal muito grande pode se espalhar sobre nossa aldeia.

– E o filho dela, quem vai alimentar?

– Não há problemas, Hauanã, pois outras índias vão poder alimentá-lo.

– Pois se é assim que o Conselho decide, vou levar o pequeno para Luandê cuidar. Rananchauê já está crescido e ela poderá cuidar dele – falou Tupiauranã.

Saindo da reunião, o cacique foi ter com Cauelevi e relatou-lhe seu esforço malsucedido perante o Conselho. Ela, ainda mais raivosa, respondeu-lhe:

– Hauanã, você e nada na tribo, o nada é melhor, porque pelo menos no nada a gente pode confiar.

– Por favor, Cauelevi, não deixe a mágoa obscurecer seu coração. Tenha paciência e confie em Tupã, que uma hora tudo irá se resolver. Confie!

A Desilusão de Cauelevi

Em um belo dia de Sol, Hauanã resolveu pegar seu filho Tupibachá e levá-lo para um banho de rio. O pequeno estava com 10 para 11 anos, mas sua cabeça não correspondia à sua idade, por causa da sua doença. Ao entrar na água, o pequeno fez uma grande festa, batia com os bracinhos e dava sonora gargalhada de felicidade.

Após ter ficado um longo tempo no rio, o cacique pegou o filho e foi para a beira procurar um lugar confortável para descansar. Deitou Tupibachá em um tapete verde que era protegido pela sombra das árvores e recostou-se ao seu lado. Rapidamente, ambos adormeceram e Hauanã sonhou com Iara. No sonho, sua amada lhe dizia:

– Meu amado, não desista nunca de acreditar na sabedoria de Tupã. Seja perseverante! Por maior dificuldade que tenha, você não pode desistir. Eu estarei sempre ao seu lado, para lhe dar amparo e proteção.

– Iara, a caminhada está muito difícil e às vezes acho que não tenho mais forças para continuar...

– Você vai conseguir, Hauanã. Os deuses não iriam lhe dar um peso maior do que aquele que você pode carregar. A força que você precisa para continuar está no grande amor que nos une; por isso, não duvide: estarei sempre ao seu lado para que você consiga cumprir sua missão – disse Iara com seu olhar meigo, pousando suas mãos nos ombros do aflito cacique. E continuou:

– Hauanã, gostaria de lhe alertar que existe uma força muito grande próxima a você. É um espírito ligado ao seu coração, que acredita que o está auxiliando, mas na verdade está trazendo grande sofrimento. Mas faz isso por causa de seu amor...

– Iara, não acredito que isso possa ser amor; amor é o que eu sinto por você, e não posso sentir o mesmo por nenhuma outra mulher.

– Essa entidade está ligada a você por laços de sentimento profundo, e por acreditar que é um amor muito grande pode acabar trazendo aborrecimentos, embora não seja isso que desejo.

– Iara, na verdade o que mais me atrapalha na terra é que eu sinto demais a sua falta. Acho que não vou conseguir sozinho fazer aquilo que Tupã me destinou...

– Nunca pense que você está sozinho. Se você não está me vendo com os olhos do corpo, veja-me sempre com os olhos do coração, porque eu vou estar sempre ao seu lado! Além de mim, muitas outras entidades estão ao seu lado, para lhe inspirar. Prepare-se e seja ainda mais forte, porque muitas coisas difíceis ainda estão por acontecer em sua caminhada.

Quando acordou, Hauanã recordou o sonho e imediatamente ajoelhou-se na beira do rio e agradeceu à mãe das águas por ter podido encontrar sua amada, que lhe encheu o coração de esperanças para a caminhada.

Vendo que seu filho ainda estava dormindo, resolveu retornar para o rio e pescar uns peixes para fazer a comida quando voltasse para a aldeia. Quando o menino acordou, Hauanã o colocou nas costas e rumou para a aldeia, aproveitando a caminhada para catar também algumas frutas e folhas.

Ao chegar à aldeia, Hauanã se deparou com um grande alvoroço. Jupira correu em sua direção e disse que Cauelevi tinha ido embora, mas antes colocara fogo na sua tenda. Comentava-se também que Cauelevi teria queimado o próprio filho por culpa de Curupira. Para eles, o pequeno, por ter nascido com a cabeça mole, não era filho de Tupã, mas do próprio Curupira. Na imaginação do povo, Curupira teria habitado o corpo do pequeno e feito com que a própria mãe colocasse fogo na tenda com Tupibachá lá dentro. Para os Comanches, Curupira era Filho do Fogo e por isso gostava desse elemento.

Quando os indígenas viram que Tupibachá estava com Hauanã, ficaram revoltados com Cauelevi e entenderam que Curupira não tinha nada a ver com o fato, e que ela deveria ter ido embora por outro motivo. Mesmo antes de o cacique poder falar algo, alguns guerreiros se armaram e estavam se preparando para ir atrás de Cauelevi para punir-lhe pela infâmia que eles imaginavam que ela estava cometendo, o que significava tirar a vida dela. Foi nesse momento que Hauanã os impediu de sair para mata e disse:

– Eu não quero que nenhum guerreiro saia da aldeia para ir atrás de Cauelevi. Alguns de vocês estão imaginando que ela fez tudo isso para ficar com outro homem, mas não é verdade. A grande revolta dela é com a expulsão de sua irmã. Se o Conselho fosse mais tolerante e aceitasse minhas ponderações, nada disso teria acontecido. Mas eu sei que ela vai pensar melhor e voltar. Quando isso acontecer, vamos recebê-la de braços abertos.

O problema agora tinha se avolumado. Além da incerteza quanto ao paradeiro dela, agora havia dois pequenos sem mãe: o filho de Hauanã e o filho de Itarim. Tentando evitar mais este amargor para o cacique, Tupiauranã, sabendo que sua palavra tinha influência sobre Luandê, falou:

– Hauanã, acho que podemos deixar esses dois pequenos com Luandê. Ela tem Rananchauê, que já é crescido, e poderia dedicar-se a cuidar de mais dois, sem problemas. Da minha parte, ela poderá sempre contar com meu total apoio.

– Você talvez tenha razão, mas é preciso ouvir Luandê – nisso Luandê ia chegando para saber o que tinha acontecido.

– Que bom que você veio. Precisamos falar com você – disse Tupiauranã.

– Você poderia ficar com a incumbência de cuidar de mais estes dois pequenos, que infelizmente estão sem suas mães? – perguntou-lhe Hauanã.

– Para mim, a tarefa de cuidar de dois é muito difícil, mas aceito se tiver auxílio de alguém para continuar cumprindo minhas tarefas. Nesse ínterim, Tupiauranã manifestou-se:

– Luandê, o importante é você se comprometer a auxiliar Hauanã. No momento que precisar de ajuda em seus afazeres, conte comigo.

– Bem, se é assim, me comprometo em ajudar no que for possível.

– Na verdade, você vai cuidar pouco tempo de Tupibachá, pois Hauanã acredita que Cauelevi não demora a voltar.

Diante das ponderações daquele que era o preferido de seu coração, ela aceitou cuidar das duas crianças. E, na medida em que precisava dedicar-se mais aos dois meninos –, um por ser muito pequeno e outro por ser doente –, o seu filho acabou ficando mais tempo com Hauanã.

Embora o problema estivesse aparentemente resolvido, as coisas não caminhavam muito bem entre os Comanches. Era o caso dos comentários de Embiaté contra Luandê. Ela insistia o tempo todo com Hauanã que ele perderia Tupibachá por causa da falta de cuidado de Luandê.

Luandê logo soube dos comentários e decidiu provar para Embiaté que era capaz de cuidar muito bem daquela criança rejeitada por quase todos. A partir daquele dia, Luandê não mediu esforços para cuidar de Tupibachá com ainda mais dedicação.

Algum tempo depois, Hauanã recebeu um chamado do cacique da tribo Tupinambá. Sem demora, mandou que arrumassem provisões para a viagem e se pôs a caminho junto com o mensageiro tupinambá.

Lá chegando foi direto à oca do cacique, que estava conversando com Cauelevi. Esta, quando viu Hauanã, correu ao seu encontro.

– Perdoe-me, Hauanã, com tudo que aconteceu eu não pensei nas consequências de meus atos; sei que não sou digna de lhe dirigir a palavra, mas fiquei desorientada com tudo que se deu com a minha irmã.

– Fique calma, eu é que devo pedir perdão por não ter feito nada para impedir que sua irmã fosse expulsa da tribo. Vamos embora, lá na aldeia conversaremos com o Conselho e tudo será resolvido.

Foi com grande alegria que o cacique tupinambá viu aqueles filhos tão queridos retornarem para sua aldeia em paz.

A Caçada de Jupiara

Era um dia aparentemente calmo e Hauanã descansava em sua oca, quando Jupira o procurou:

– Cacique, esta noite falei com os deuses e eles me revelaram que você tem sofrido muito nesta vida. Falaram-me que nenhuma mulher soube fazer a sua felicidade até hoje. Pela grande afeição que tenho por você, estou pronta a lhe ajudar para que daqui adiante os seus dias sejam de mais alegria. Seria bom que fosse construída uma oca bem grande para que eu e você possamos morar juntos com todos os seus filhos.

– Jupira, minha grande amiga – começou a responder Hauanã, olhando ternamente nos olhos dela –, você sabe o grande bem que eu desejo para você e também a enorme admiração por ser quem é, mas você é como se fosse uma irmã e em nenhum momento eu poderia tê-la como minha mulher.

Contrariada por ver frustrada mais uma tentativa de convencer Hauanã a aceitá-la como esposa, respondeu Jupira:

– Hauanã, você pode ter certeza de que eu não vou desencarnar enquanto não for sua esposa.

– Você deveria empregar melhor a sua energia, Jupira, fazendo o bem para o próximo.

– Se dependesse de mim – respondeu Jupira já fora de si –, eu faria com que todo o próximo fosse extinto, aí você não teria mais desculpas para não ficar comigo.

Compadecido com o sofrimento daquela que havia crescido ao seu lado, e sabendo que o motivo de tudo aquilo era o amor que sentia por ele, abraçou-a ternamente e falou do fundo de seu coração:

– Jupira, eu não vou considerar estas suas palavras porque lhe conheço e sei o quanto você é boa e todo o bem que você pode fazer.

– Hauanã, você é que não me conhece direito e não sabe o que eu sou capaz de fazer.

– Você é que não sabe do que efetivamente é capaz de fazer, ainda não conhece a si mesma profundamente; você é puro amor e é por isso que acaba errando tanto.

Desse dia em diante, Hauanã procurou ficar bem mais tempo junto a Jupira, para que ela percebesse o quanto era importante para ele e todo o povo da aldeia. Passaram a fazer juntos muitas tarefas do dia a dia e ela parecia uma criança, tal a felicidade de compartilhar sua vida com o cacique. Quando eles estavam se divertindo no rio, era comum que Jupira, sempre atenta ao seu desejo de não ser apenas uma grande amiga de Hauanã, tentava suas investidas. Quando isso acontecia, Hauanã saía da água deixando-a contrariada; ela sempre achava que havia chegado o momento em que o coração dele se renderia aos apelos do seu grande amor.

Para o cacique, também era difícil ficar o tempo todo tendo de se esquivar das investidas atrevidas de Jupira. Mas ele mantinha-se fiel às esposas que Tupã havia escolhido e era comum que procurasse Curulitá para atender suas necessidades de homem.

Nessa época, dois dos filhos de Hauanã já eram bons guerreiros. Embiaté continuava com a língua solta, reclamando muito e sempre vigiando Luandê. Esta, por sua vez, fazia de tudo para agradar Hauanã e Tupiauranã, pois para ela o mais importante na vida era fazer feliz o homem que amava e o homem que, mesmo contra os costumes de seu povo, permitia aquele amor. Até mesmo cuidar de Cauendê, filho de Itarim, a quem agora ela já se afeiçoara.

Jupira continuava do mesmo jeito, sempre tentando dissuadir o cacique de sua fidelidade. Como suas tentativas acabavam sempre frustradas, ela foi ficando cada vez mais revoltada, até que decidiu fazer feitiço para atingir as esposas do cacique e ficar responsável pelos filhos dele.

Isto, na verdade, já estava acontecendo com Jupiara, que cada dia mais se aproximava de Jupira pela falta de sua mãe. Com o tempo, a ligação entre as duas foi se tornando mais forte. Jupira já não fazia mais segredos para a filha de Hauanã, que aprendia de tudo, dos feitiços aos segredos da cura pelas ervas.

Conforme o tempo ia passando, Jupiara se interessava menos por aprender as obrigações de mulher na tribo. Quando era convidada para ir para a plantação, dizia em alto e bom tom:

– Nasci para correr atrás de bicho grande e não para cuidar de coisa que fica parada no chão.

Em um desses dias, quando já contava com 9 anos, Jupiara descobriu que seu irmão mais velho, Tupiaurê, que agora já era um guerreiro, estava se preparando para caçar, e foi célere e esperançosa falar com ele:

– Tupiaurê, deixa-me sair para o mato fazer caçada com você?

– Jupiara, você ainda é muito pequena; além do mais, caçar é coisa para homem e você é mulher. Você tem de ir para a plantação, que é coisa de mulher.

– Por favor, meu irmão, eu quero muito ir. Você não pode fazer isso comigo e me deixar aqui.

Vendo a insistência da irmãzinha de que tanto gostava, resolveu deixar a decisão para seu pai:

– Está bem, se você pedir para nosso pai e ele permitir, eu levo você comigo.

Sem contar tempo, a pequena saiu correndo atrás do cacique, temendo que seu irmão pudesse se arrepender do prometido. Ao encontrar seu pai, ele estava em uma animada conversa com o pajé, que lhe contava as formosas histórias da terra norte-americana de onde os Comanches vieram. Hauanã adorava escutar essas histórias de seus ancestrais e de sua terra de origem, pois veio de lá ainda pequeno e lembrava-se de pouca coisa. Ao entrar na oca, onde estavam o pajé e o cacique, Jupiara não exitou em interromper a conversa e foi logo desferindo:

– Meu Pai, por favor, deixa-me ir pra mata caçar junto com Tupiaurê?

– Minha querida, você sabe que ainda é muito pequena para enfrentar os perigos da floresta.

Enquanto escutava a resposta do cacique, o velho pajé sorriu, olhou para a pequena e disse:

– Jupiara, a onça é maior do que você. Assim, você é que vai acabar sendo caçada por ela.

– Você está enganado – respondeu atrevidamente a filha do cacique –, pois não existe onça grande o suficiente para me engolir. Eu sou mais esperta que qualquer onça; vou crescer e me tornar cacique. Nada, nem as onças, vai me impedir de crescer e ser chefe da minha tribo – disse resoluta.

– Você não sabe o que está falando, pequena – retrucou pacientemente o xamã já centenário –, pois uma mulher não pode ser cacique.

– Você é que não devia falar nada, pois já está velho demais e, quando eu for cacique, já não estará mais por aqui – afirmou Jupiara sem nenhuma cerimônia, como se não estivesse diante do pai espiritual dos Comanches.

– Eu sei que daqui a pouco não estarei mais entre os vivos, mas de onde estiver vou ver que você nunca será cacique.

Vendo que a conversa não estava caminhando bem, Hauanã tentou interromper, administrando Jupiara:

– Minha pequena, você não deve tratar o pajé assim. Ele é o pai de toda a nossa tribo e, portanto, merece respeito dobrado de todos nós, inclusive de você, que ainda é muito pequena para falar deste jeito.

– Quem deve respeito a mim é ele, pois eu sou a filha do cacique.

– Não haveria cacique, nem filha de cacique, se não houvesse o pajé.

– Pai, eu sei que tem muita coisa que você sabe, mas não fala. Um dia eu vou falar de todas essas coisas – disse a menina.

Apesar da pouca idade, Jupiara era muito esperta e não gostava que seu pai, em vez de reagir, apenas balançasse a cabeça para muitas coisas que o pajé falava.

– Se o cacique age dessa forma, preferindo ficar calado, é porque ele tem muito respeito, e você ainda é pequena demais para se interometer nesses assuntos – retrucou o pajé.

– Eu até posso ser pequena, mas tenho boca para falar e olhos para enxergar o que está acontecendo e não vou permitir que você seja responsável pelo sofrimento de meu pai.

– Minha filha, você já está falando mais do que devia, e o pajé não merece ouvir essas coisas.

– Meu pai, você é a coisa mais importante nesta vida e eu daria a alma por você, mas é preciso que saiba as coisas que o povo está falando.

– Você ainda não tem idade suficiente para entender dessas coisas que estão acontecendo. Somente quando for maior e puder viver as coisas da terra, tiver preocupações e responsabilidades, é que poderá entender de tudo. Você deve ficar de boca calada e viver mais, assim como as corujas: olhe mais e fale menos.

– Hauanã – interrompeu Chaurê –, penso que seria bom que ela realmente fosse para a mata com o irmão; esta pequena está precisando aprender a dar mais valor à vida aqui na terra.

Diante das palavras do velho xamã e mesmo achando que não era uma boa solução por temer pela vida da pequena, Hauanã acabou assentindo a aventura. No dia seguinte, quando o Sol já começava a se esconder atrás das montanhas, lá se foram Tupiaurê, apreensivo com a tarefa que lhe havia sido destinada, e a inquieta Jupiara, que agora não cabia em si de tanta felicidade.

Na floresta, o irmão mais velho foi explicando que eles iriam caçar sob o manto das estrelas porque, de noite, a maioria dos bichos fica parada. Eles deveriam ficar bem atentos e vigiar o tempo todo; assim que um bicho fizesse movimento, era a hora de usar o bodoque e a habilidade do guerreiro.

Os dois irmãos passaram a noite toda na mata e o primogênito de Hauanã não se esqueceu de repassar à irmã caçula tudo o que havia aprendido com o pai:

– Jupiara, uma das primeiras coisas que um caçador deve aprender é o valor da vida. Tudo o que existe na floresta foi criado por Tupã, e nós devemos devotar todo o nosso respeito e admiração até pelo menor dos animais.

Compenetrado em suas palavras e vendo o vivo interesse da menina, Tupiaurê assumiu ares ainda mais de professor e não mediu esforços para ensinar bem a irmã:

– Nós devemos procurar sempre atingir os bichos que não estejam cuidando de seus filhotes. E se por acaso isso acontecer, temos a obrigação de levá-los para serem cuidados em nossa tribo.

– Mas por que não podemos matar qualquer bicho?

– Ora, Jupiara, você não acha que se matarmos a mãe, os seus pequenos vão ficar tristes e podem até não conseguir sobreviver?

– Eu sou pequena, mas vivo sem mãe. Se não tiveram pena de mim, por que ter pena dos bichos da floresta? – perguntou Jupiara, agora triste pela lembrança de que sua mãe não havia ficado na terra para cuidar dela.

– Não é que não tiveram pena de você, mas Tupã precisou de Iara perto dele. Você tem nosso pai e toda a tribo para estar com você, e os deuses não. Os deuses precisavam muito de sua mãe. Lá onde ela está, pode ajudá-los a cuidar de toda a nossa tribo. Você precisa entender que sua mãe era muito boa e, assim que a missão dela terminou na terra, os deuses a chamaram para cumprir uma nova missão lá na mansão das estrelas.

– Quando crescer eu também vou ser importante para o povo da terra, assim como minha mãe Iara é importante para os deuses – afirmou vigorosamente Jupiara, visivelmente embriagada pelo poder que corria em seu sangue, apesar da pouca idade.

– Eu vou guiar todos os Comanches nesta terra e vou fazer com que respeitem as leis e nosso pai – continuou a pequena que, assim como os outros irmãos, não gostava dos comentários que eram feitos na aldeia de que Hauanã era cacique só para os deuses saberem que eles tinham um, mas chefes mesmo da tribo eram o velho pajé e sua filha Jupira.

Somente quando os primeiros raios de Sol começaram a penetrar na densa mata e os bichos saíram de suas tocas para comer, é que Tupiaurê conseguiu caçar uma anta, o que foi motivo de festa para os dois irmãos, não sem antes agradecer a Tupã.

Como mandava a tradição comanche, se um caçava, o outro carregava a caça até a tribo. Embora sabendo que Jupiara era ainda pequena, Tupiaurê achou que deveria seguir as leis dos antepassados e foi atrás de uns cipós bem fortes para amarrar a caça. Após ter amarrado a anta e feito uma espécie de colchão de folhas para colocá-la, chamou a irmã e explicou-lhe a tradição, achando que talvez ela fosse desistir da missão. Ao perceber que a pequena estava resoluta em cumprir integralmente a tarefa, mesmo a contragosto ele passou os laços do cipó por trás dos ombros de Jupiara, que começou a puxar a caça rumo à aldeia.

Como a caminhada era longa e o corpo dela frágil, logo as amarras de cipó cortaram seus ombros. Ao perceber o sangue escorrendo nos braços da irmã, Tupiaurê segurou-a e lhe falou:

– É melhor nós pararmos por aqui!

– Mas por quê?

– Seus ombros já estão castigados pelo esforço. Daqui para a frente quem carrega a caça sou eu.

– Mas você não me ensinou que a tradição diz que um caça e o outro carrega?

– Sim, é verdade, mas você, além de mulher, é ainda muito pequena e este esforço a está machucando além da conta.

– Pois eu não aceito. Se você chegar carregando a caça, eu vou ficar humilhada na frente de todos.

Vendo que não adiantaria discutir com ela, Tupiaurê deu de ombros e retomou a caminhada. Ela caminhou o dia todo carregando o bicho, sem reclamar uma única vez. Ao chegar a aldeia, estava esvaindo em sangue. Quando Hauanã viu os ferimentos, ficou muito zangado e advertiu seu primogênito:

– Tupiaurê, você não devia ter deixado que Jupiara carregasse esta caça até a aldeia.

– Eu apenas cumpri a lei da tribo.

– Mas você não viu que ela é pequena demais para carregar este peso?

– Se ela teve a permissão de ir para a caçada, também não era pequena para carregar o bicho. E tem mais uma coisa, pai: ela não foi obrigada a fazer isso. Ela fez porque quis – falou isso e olhou para a irmã, que apenas baixou a cabeça e ficou calada.

– Essa sua atitude não tem justificativa. Vá para a oca de sua mãe e fique lá recluso por sete dias, até que sua irmã fique curada desses ferimentos – ordenou Hauanã.

Revoltado com a punição recebida, Tupiaurê resolveu confrontar seu pai:

– Você não sabe ser cacique, assim como não sabe ser pai. Já está na hora de aprender, porque desse jeito não faz ninguém feliz, nem os filhos.

– Você é que está passando dos limites. Fique de boca fechada se não quiser ser castigado de verdade.

– Você quer me castigar para que o povo veja que eu estou errado e você com razão. Mas estou de consciência tranquila; o erro foi ter deixado ela ir para a mata. Você, por não saber ser cacique e pai, é que deveria ficar sete dias preso.

A esta altura da discussão, pai e filho já eram observados por Chaurê, que mesmo com dificuldade de caminhar, quando soube do ocorrido, foi vagarosamente até o local. Ao ver que o primogênito de Hauanã o estava desrespeitando, falou para o cacique:

– Você não pode permitir que ele fale com você de igual para igual, não por ser seu filho, mas por ser você o cacique!

– Antes de ser cacique – respondeu de chofre Tupiaurê, antes mesmo de esperar a reação de Hauanã –, ele é meu pai e como pai ele não está agindo certo.

– Tupiaurê, você está me desrespeitando ao dizer que não estou agindo como pai, porque você e seus irmãos são toda a minha vida aqui nesta terra.

– Se Iara ainda estivesse entre nós, ela estaria do meu lado. Ela enxergaria que estou certo. Foi você que errou ao fazer a vontade de Jupiara, enquanto eu apenas cumpri a lei de nossos antepassados.

Percebendo que Tupiaurê estava exaltado e não se calaria por conta própria, sua mãe, Cojupauí, interferiu na conversa e mandou que ele silenciasse obedecendo imediatamente a ordem de Hauanã. Em seguida, pegou Jupiara e a levou para a oca de Jupira, para que ela pudesse receber o tratamento adequado. O tratamento de Jupira fez efeito em três dias e, ao final desse período, Jupiara se viu obrigada a engolir seu orgulho e procurou Chaurê:

— Pajé, estou aqui para lhe pedir que interceda a favor de meu irmão. Ele não teve culpa pelo ocorrido. Fui eu que insisti em carregar o bicho até a aldeia.

Assentindo ao pedido de Jupiara, Chaurê foi ao encontro do cacique, relatou o ocorrido e concluiu:

— O coração dessa pequena é grande, Hauanã, pois mesmo sendo prejudicada no ocorrido, ela acabou assumindo o erro. Se ela já tinha grandeza, agora tem duas.

Após escutar o pajé, o cacique foi até a oca de Cojupauí dizer que Tupiaurê estava livre.

— Eu só estarei livre de verdade quando você aprender a conduzir a nossa tribo. A minha liberdade depende de você aprender a ser cacique e pai.

— Você está sendo injusto comigo.

— Injusto foi você, pai, por ter me punido somente por eu ter cumprido o que manda a lei.

Cojupauí, que acompanhava novamente a conversa entre o pai e o filho, interferiu:

— Você deve se calar agora mesmo, Tupiaurê; não tem a menor ideia de como é difícil conduzir a tribo e os filhos sem fazer um ir contra o outro. Seu pai tem de seguir as regras do Conselho e, além do mais, sua irmã realmente ainda é muito pequena e deveria ser cuidada por todos.

— Minha mãe, Jupiara ainda vai fazer muita coisa ruim para a tribo. O tempo de fazer alguma coisa por ela e por todos aqueles que ela pode prejudicar é agora – afirmou Tupiaurê, como que profetizando algo que parecia invadir sua mente. E continuou: – Se o pai não a controlar agora, ela vai fazer toda a nossa tribo sofrer – e sofrer muito.

— Você de novo não sabe o que está dizendo e deve manter a boca fechada. Você está sendo injusto. Jupiara é tão pura quanto sua mãe Iara. A luz que está sobre Jupiara vai proteger e amparar todos os Comanches.

— É só você que acredita nisso, pai. Eu tenho minhas razões para não acreditar.

— Pois fico muito triste por você. Mas tenho certeza de que ela vai cativá-lo, como fez comigo – dizendo isto, o cacique saiu da oca.

No mesmo instante, Tupiaurê saiu em direção à mata, enquanto Cojupauí ficou aos prantos, lamentando que seu filho fosse tão duro e não se submetesse aos conselhos de seu pai.

O Desencarne de Italonã

A rotina da tribo Comanche radicada no interior do Maranhão seguia o seu curso.

Certo dia, quando tudo parecia estar calmo, Hauanã foi abordado por Chauendê que era como um irmão seu:

– Caro amigo, seus filhos estão crescendo e se desenvolvendo, mas é preciso que você saiba que Jupiara não está tratando bem Tupibachá.

Triste com a revelação de seu amigo, Hauanã foi até Jupiara, que já contava nesta época com 10 anos, e indagou-lhe o que estava acontecendo:

– Não é verdade, pai, eu só brinco com ele e não o maltrato... Pai, você não deve dar ouvidos a tudo o que falam por aí.

Nesses mesmos dias, o pajé ficou muito adoentado. Sua filha, Jupira, resolveu convocar toda a tribo e pediu a força de todos para que os deuses fossem invocados com muita fé, para obter a cura do velho xamã. Na mesma noite, foi realizada grande festa, com rezas e oferendas para todos os deuses da tribo, invocando a proteção e a cura para Chaurê.

Chaurê estava com cerca de um século de vida e caminhava com muita dificuldade, mas as invocações, rezas e oferendas deram resultado e o velho pajé melhorou. Para comemorar a melhora, outra festa foi feita para agradecer a bênção dos deuses.

Algum tempo depois da melhora do pajé, foi a vez de Italonã ficar doente. A doença dela deixou toda a tribo apreensiva. Consideravam que aquele tipo de doença – transmitida de uma pessoa para outra – tratava-se de um feitiço. Jupira, que praticamente já tinha ocupado o lugar do seu pai, entendeu que ela deveria ser entregue aos deuses, porque, se ficasse na tribo, todos poderiam morrer.

Seguindo a orientação de Jupira, a aldeia toda se preparou para o ritual de despedida para Italonã. Com todo o cuidado, foi preparada uma linda manjedoura, na qual ela foi carregada até um determinado ponto da mata. Ao chegar lá, a manjedoura foi depositada em uma clareira e todos foram embora, retornando em silêncio e meditação. Todos se recolheram em oração, pedindo pela sorte daquela irmã.

O filho dela, Capauasul, contudo, não se resignou à sorte de perder sua mãe e orava pedindo a Tupã que, em vez de os deuses a levarem, a curassem, para que pudesse voltar ao convívio de todos. Vendo a dor do filho e compadecido com a sorte daquela que era sua mãe, Hauanã ficou a noite toda ao lado dele, ao redor de uma fogueira, pedindo aos deuses do fogo que limpassem todo aquele feitiço.

Quando clareou o dia, Hauanã e seu filho foram até o local onde havia sido depositada a manjedoura e a encontraram vazia. Com lágrimas nos olhos, pai e filho resignaram-se à vontade de Tupã. Ao retornar à tribo e contar o episódio, todos acharam que os deuses realmente haviam levado a adoentada consigo, razão pela qual foi realizada mais uma festa em agradecimento.

Das sete esposas do cacique, ele agora tinha apenas quatro. Duas haviam desencarnado e a outra tinha o coração ocupado por outro homem. Na época em que Italonã faleceu, Hauanã estava muito próximo dela, o que aumentou ainda mais seu sofrimento por perder uma grande companheira.

Aos poucos, Curulitá começou a aproximar-se mais do cacique e acabou sendo de grande auxílio a ele. Foi ela, inclusive, que se encarregou da educação de Capauasul, que nessa época já contava com 12 anos.

Luandê cuidava de Cauendê, filho de Itarim, e de seu filho, agora com 14 anos. Estava cada vez mais próximo de Hauanã, inclusive morando com ele e Capauasul. Os dois se davam muito bem e adoravam morar junto com o cacique. Às vezes, recebiam a visita de Jupiara, que vinha para a oca deles e queria sempre se identificar com os irmãos:

– Quando eu crescer mais, vou ser guerreira como Tupiaurê! – dizia a menina com os olhos faiscantes.

– Minha filhinha, guerreira você não pode ser, mas você poderá cuidar de toda a tribo – dizia Hauanã, tentando dissuadi-la.

– Mas isso eu não quero! – repetia desdenhosa das funções femininas da tribo e já indo embora para não ouvir as palavras do cacique.

Na época em que Haurendê, filho de Embiaté, completou mais um ano, ele e Tupiaurê, junto com outros homens da mesma idade, foram convocados pelos guerreiros mais velhos para fazer a prova definitiva que os tornaria guerreiros Comanches. Foram mandados para a mata para caçar.

Após três dias na floresta, os dois irmãos voltaram com bicho grande nas costas e houve uma grande festa para comemorar o feito dos filhos de Hauanã e dos outros guerreiros.

O Confronto

A rotina da tribo seguia seu curso; enquanto isso, Luandê esforçava-se para ser uma boa mãe substituta para o pequeno que estava sob sua guarda, já que seu filho de sangue não desgrudava do cacique. Era comum que ela levasse Cauandê consigo quando ia se dedicar às lides da terra. O menino estava quase completando 4 anos e a acompanhava alegremente; tudo acabava sendo motivo de brincadeira.

Certo dia, quando estava indo com o pequeno até a plantação, acompanhada de um guerreiro para sua proteção, Luandê deparou-se com Itarim, que, ao ver seu filho já crescido, não se conteve:

– Luandê, deixe-me ficar um pouco com ele!

Mesmo antes de Luandê esboçar uma reposta, o guerreiro que a acompanhava deu uns safanões em Itarim:

– Vá embora imediatamente, se não quiser arcar com piores consequências.

Revoltada, Itarim profetizou:

– Vocês podem ter certeza, vou me vingar desta injustiça de que estou sendo vítima. Não vou descansar antes de cumprir minha vingança!

– Desculpe-me, Itarim, eu sei que Cauandê é seu filho e que seu coração deve estar aflito para tê-lo em seus braços, mas eu não posso descumprir a lei – Luandê tentou acalmá-la.

– Guarde sua sabedoria para você. Minha vingança também vai recair sobre a sua vida e todos aqueles que você ama!

– Pois bem, Itarim, se é assim que você prefere, mesmo que a lei me permitisse, agora eu não deixaria este pequeno chegar perto de alguém tão rancorosa.

– Você não sabe com quem está lidando! Você se acha importante e protegida por ser esposa do cacique, mas não perde por esperar.

– Eu não tenho medo de você, e não serão suas ameaças a tirar minha paz de espírito. É melhor você seguir seu caminho, que eu vou seguir o meu.

– Mas você deveria ter medo sim, Luandê, pois não me conhece e eu não terei paz enquanto não conseguir atingir você!

Puxando Cauandê pelo braço e fazendo um sinal com a cabeça para que o guerreiro a seguisse, Luandê exclamou por fim:

– Eu vou seguir meu caminho e não quero mais ficar ouvindo o que não pode ser falado na frente dos deuses. Palavras que não são ouvidas pelos deuses também não serão mais ouvidas por mim. Para falar a verdade, eu tenho dó de você se comportar desse jeito. Fique em paz – ao falar estas palavras e bastante magoada com Itarim, que não entendia sua dedicação em cuidar do filho dela, Luandê retirou-se junto com Cauandê e o vigilante guerreiro.

Os Conselhos de Chauendê

Em determinado dia, Chauendê convidou o cacique para um passeio pela mata, pois há muito precisava falhar-lhe.

– Hauanã, como seu grande amigo, eu preciso dizer-lhe que você não está agindo corretamente com sua filha Jupiara!

Chauendê fez uma pausa, como que para perceber se suas palavras haviam feito eco no coração de seu amigo, e continuou pausadamente:

– Do jeito que você está conduzindo as coisas, sua caçula está se perdendo. Já passou da hora de dar um basta nas coisas que ela está fazendo. Você tem de abrir os seus olhos de pai! Caso ela não seja admoestada a tempo, pode colocar tudo a perder.

O guerreiro sabia que suas palavras eram duras para os ouvidos de um pai tão prestimoso quanto Hauanã, mas não poderia se furtar a cumprir seu papel de tentar abrir os olhos dele. Esperou mais um pouco para que o cacique tivesse tempo de digerir aquelas palavras e depois voltou a lhe falar:

– Hauanã, eu lhe trouxe para a mata para esta conversa porque estas palavras estão saindo da minha boca, mas quem está falando é o Espírito da floresta!

– Caro amigo – respondeu o cacique –, da outra vez que você me procurou para falar de minha pequena, eu fiquei muito triste com você. Somente lhe perdoei porque, ao me aconselhar com o pajé, ele disse que era necessário perdoar e não dar ouvidos a este tipo de conversa.

O clima entre os dois amigos começou a ficar tenso. Chauendê percebeu que suas palavras novamente não tinham conseguido despertar o coração de um pai que insistia em desconsiderar as evidências. O grande guerreiro entendia, contudo, o que se passava no coração do amigo. Ele sabia que Iara era a única mulher que Hauanã realmente amara e que, para ele, ela era um espírito perfeito, sem máculas. Sendo Jupiara filha de Iara, no coração do cacique não havia lugar para acreditar que sua pequena não tivesse a mesma perfeição de sua mãe.

Após uma longa pausa, em que Hauanã parecia buscar as palavras certas para, mesmo discordando, não magoar o amigo, ele voltou a falar:

– Agora, vou fazer o mesmo que fiz da outra vez. Para não ficar zangado com você, não vou dar ouvidos ao que você está dizendo.

O guerreiro sentiu que a conversa deveria parar por ali, até porque Hauanã já se preparava para retornar à aldeia. Mas antes de se retirar, olhou fundo nos olhos do amigo e falou:

– Você pode até não ter ouvidos para escutar, mas sempre que eu enxergar uma coisa errada, terei boca para falar!

O Chamado do Deus Sol

Certo dia, a mãe de Hauanã, que já contava muitos anos, amanheceu muito debilitada. Jupira foi chamada com urgência para ver o que era possível fazer e decidiu que o melhor era preparar um unguento para tentar aliviar a doença de Chaueritá.

Naquele dia toda a tribo ficou preocupada. Chaueritá era considerada mãe de todos. Imediatamente, todos resolveram rogar a cura de uma pessoa tão querida e ofereceram o que de melhor possuíam para agradar aos deuses da água, da terra, do fogo e do ar.

Durante todo o dia, Jupira fez seus remédios e rituais xamânicos, mas a velha índia não reagia. Jupira resolveu então buscar seu pai para ver se era possível tentar algum outro método que ela ainda não dominasse. Ao chegar à tenda de Chaurê, ele estava sentado em sua esteira pitando seu cachimbo, como era seu costume; o velho xamã quase não caminhava mais. Ao ser interrogado por Jupira, respondeu:

– Minha filha, seus esforços ou de qualquer um de nós será inútil. Chaueritá está sendo chamada pelo Deus Sol. O correto é chamar Hauanã e os outros parentes dela, porque é melhor que todos saibam a verdade, de que a hora de ela ir ter com Tupã está se aproximando.

Jupira fez exatamente o que seu pai determinou. O cacique e todos os que tinham parentesco de sangue com a velha índia vieram até a tenda escutar Chaurê:

– Embora vocês não desejem a partida dela, não é certo que nenhum de vocês a impeça de seguir seu caminho. O espírito dela sabe que precisa atender ao chamado do Deus Sol.

Marerauni, irmão caçula de Hauanã, ainda muito apegado à mãe, não podia admitir que ela fosse levada para a mata. Iorondê, irmão do meio, disse que iria aceitar a decisão dos deuses e não impediria nada. Hauanã entendeu que, pelo fato de o atual companheiro dela não poder decidir, já que os costumes Comanches davam este direito apenas aos ligados pelo sangue, quem deveria decidir era ela mesma.

A sugestão do cacique foi seguida e os três irmãos se dirigiram a oca da mãe adoentada. Ela estava bem, com bom aspecto e aparentava felicidade. Apenas suas pernas encontravam-se muito inchadas. Mas era visível que nos seus olhos havia um lindo brilho e no canto da boca um bonito sorriso. Dirigindo-se a cada um pelo nome, deteve-se em Iorondê:

– Meu querido filho, seja mais tranquilo e não se revolte com a situação. Use sempre a sua força para defender os seus, mas nunca esqueça que o mais forte guerreiro é o que luta com o coração!

Enquanto ela falava para Iorondê, a caçula chorava copiosamente. Ela finalmente olhou para ela e a chamou para perto. Passando a mão nos seus cabelos, falou carinhosamente:

– Algum dia, no futuro, que está guardado na mente de Tupã, nós vamos nos reencontrar. Você deve entender, minha filha, que atender ao chamado do Deus Sol é uma grande bênção para meu espírito!

Dirigindo-se agora para seu filho cacique, disse:

– Hauanã, sua mãe sabe o quanto é difícil para você a missão que Tupã colocou sobre seus ombros. Você deve confiar mais no seu espírito, na sua mente. Não se pode seguir cegamente o coração, que muitas vezes se nega a enxergar a realidade. Deixe que o coração siga o bom senso da mente, porque nem sempre passando a mão na cabeça conseguimos que as pessoas cresçam!

Finalmente, a velha índia chamou os três filhos para bem perto de sua tarimba e, abraçando-os carinhosamente, disse suas últimas palavras:

– Filhos do meu coração, eu não sou mais necessária aqui na aldeia; tudo o que eu podia fazer foi feito e agora preciso atender ao chamado dos deuses. Fiquem todos bem, vou partir feliz!

– Hauanã, chame Gejuitá. Preciso falar com ele antes de partir.

Quando Gejuitá chegou, ela mal podia falar, mas lentamente fez seu último pedido:

– Meu querido companheiro, peço-lhe que cuide bem de nossa menina; nunca se esqueça que ela é um presente de Tupã, abençoando-nos pela nossa união.

– Não se preocupe, minha querida! Enquanto tiver permissão de Tupã, nossa pequena será a razão do meu viver.

Assim ele saiu com os olhos marejados e ela tombou a cabeça para o lado, entrando em sono profundo.

Respeitada a decisão de Chaueritá, o cacique determinou que fosse feito o cerimonial de despedida, com a participação da tribo, para que todos pudessem ter a oportunidade de se despedir dela. Após, ela foi levada para a mata, feliz por estar atendendo ao chamado do Deus Sol.

Logo após a partida de Chaueritá, Chaurê foi tomado da mesma doença, só que ainda mais forte. Sempre que o pajé adoecia, a tribo ficava muito triste. Com ele doente, os indígenas sabiam que iriam perder uma das coisas de que mais gostavam: sentar ao redor da fogueira no centro da aldeia, onde costumeiramente havia as reuniões do Conselho de guerreiros, para escutar as histórias e ensinamentos de Chaurê.

Com a moléstia ele, que já não caminhava direito, não podia se deslocar, já que a doença havia atingido suas pernas. A apreensão da tribo aumentou quando o pajé revelou que, em sonho, seu Espírito Guardião o havia alertado que se aproximava sua partida. Avisando, também, que ele não deveria partir sem antes auxiliar todos da tribo a colocar suas vidas em ordem. Mas o que mais afligiu os Comanches foi a última revelação do protetor de Chaurê: a de que ele só partiria após um grande mal se abater sobre a tribo.

Em razão das revelações e mesmo estando impossibilitado de caminhar, o pajé, seguindo as recomendações de seu Guardião, tentava unir o seu povo. Sempre que alguém o procurava em sua oca, recomendava o perdão e a benevolência. Ele sabia que muita coisa iria acontecer antes de seu desencarne e era preciso preparar o espírito do povo para a passagem de tempos difíceis.

Os dias foram se passando e o pajé praticamente não podia mais sair de sua tenda, mas continuava cada vez mais respeitado no que falava a todos. Nesses dias, nada acontecia na tribo sem que ele fosse consultado, apesar de seu grave problema de saúde.

Três anos após, Hauanã foi à procura do pajé:

– Chaurê, eu gostaria que, antes de sua partida para a morada dos deuses, o senhor pudesse ensinar meus filhos a serem caciques. Eu conversei com o Conselho e decidimos que todos vão mandar e não haverá apenas um cacique.

– Isso não vai dar certo... É melhor você tentar descobrir quem tem vontade de assumir esta missão. Mande todos para caçar na mata. O mais forte vai ser o que trouxer o bicho maior: este deve ser o escolhido.

Isso é retroceder a história, já que há um tempo todos decidiram, inclusive o pajé, a aceitar que todos fossem caciques, pensou Hauanã.

Diante dos conselhos do ancião, Hauanã não teve como contrariá-lo, mesmo porque tinha seguido suas orientações por toda a vida. Em quatro dias seria lua cheia e haveria, então, uma festa para anunciar a ida de seus filhos para caçar na floresta, para que fosse finalmente escolhido o seu sucessor.

Perdido nas Montanhas de Areia

Chegada à noite da lua cheia, todo o povo se reuniu no centro da aldeia para a grande festa. Antes de começar as danças e oferendas, o pajé reuniu-se com Hauanã e os guerreiros do Conselho. Chaurê explicou o motivo da festança, mas alguns conselheiros entendiam que apenas os dois filhos mais velhos do cacique estavam em condições de candidatar-se a substituí-lo.

Depois de algum debate, ficou decidido que iriam os quatro filhos mais velhos, sendo que dois para caçar e os dois menores apenas para acompanhar. E assim foi feito. As mães também ficaram aliviadas com a decisão, porque para elas nenhum dos três que ficaram tinham condições de aventurar-se pela floresta.

Ainda na noite da festa, Chaurê chamou os quatro filhos de Hauanã e falou:

– Que Tupã ilumine esta caçada, ensinando a vocês o caminho para conduzir o nosso povo futuramente. Durante a noite respeitem o som das matas, e ao amanhecer, diante de árvores frondosas, invoque o Deus das Matas que os protegerá nesta empreitada.

E assim, saíram em busca de seus destinos. Logo que o Sol derramou seus primeiros feixes de luz sobre a tribo, os escolhidos estavam embrenhados na mata, acompanhados de mais 12 guerreiros para cumprir a tarefa determinada pelo pajé, referendada pelo Conselho e pelo cacique. A missão dos guerreiros foi a de acompanhar os dois menores a fim de prepará-los para tornarem-se verdadeiros guerreiros Comanches.

Enquanto caminhavam na mata, eles recordavam em silêncio das bênçãos do pajé, antes de iniciarem suas jornadas. Logo no início da caminhada, pararam ao lado de duas árvores frondosas e se abraçaram às mesmas, orando ao Deus das Matas para que os protegesse de todos os males do caminho.

Desse momento em diante se despediram apenas com um aceno de cabeça, para não quebrar a solenidade silenciosa do momento, no qual o único barulho que tinha o direito de quebrar a quietude era o que vinha da própria floresta. Cada um escolheu o rumo que lhe apareceu mais apropriado. Tupiaurê escolheu o caminho que levava em direção à montanha e por lá ficou durante quatro dias e quatro noites.

O segundo filho, Haurendê, resolveu seguir ao longo do rio e, após caminhar um bom tempo, encontrou muitas terras cobertas de areia branca. Ficou surpreso com o que via. Montanhas e montanhas de areia e, além da água do rio, praticamente não havia mais nada; até o verde tinha desaparecido. Deslumbrado e ainda não tendo encontrado nenhuma caça, Haurendê continuou sua jornada solitária, sem perceber que estava se perdendo.

Após o final do quarto dia, Tupiaurê voltou à aldeia com sua caça e lá já estavam os outros dois irmãos juntamente com os guerreiros que retornaram ao final do terceiro dia. Mais dois dias inteiros se passaram e nada de Haurendê. No dia seguinte, Embiaté foi conversar com Hauanã:

– Hauanã, Haurendê ainda não voltou estou muito preocupada. Saiba que você é o culpado por tudo que está acontecendo! Você não quis escutar, quando foi avisado de que ele não estava preparado.

– Calma, Embiaté, você está gastando suas energias para me acusar; use suas forças para pedir aos deuses que traga nosso filho de volta, porque eu tenho certeza de que tudo vai terminar bem.

– Do jeito que as coisas estão sendo feitas está tudo errado. Vou acabar perdendo aquilo que é mais sagrado em minha vida – disse ela, já com lágrimas querendo brotar-lhe dos olhos – e não quero perder meu filho, Hauanã! – o cacique abraçou-a contra o peito quando disse:

– Nós não vamos perder nosso filho, os deuses não vão permitir que isso aconteça. Vá para sua oca, ore aos nossos guardiões e peça que olhem por Haurendê, enquanto eu vou em busca de Chaurê para pedir--lhe ajuda.

Embiaté, sem dizer uma palavra, saiu em direção à sua oca. Em seguida, Hauanã foi se aconselhar com o pajé.

– Chaurê, muitos dias já se passaram e Haurendê ainda não voltou. Temos de fazer alguma coisa, não podemos mais esperar. Ele pode ter sido atacado por um bicho ou estar perdido...

– É, eu também já estou começando a me preocupar com essa demora. Mas vamos ter confiança em nossos protetores.

– Gostaria que o senhor invocasse o Guardião, para que nos revelasse onde e como ele está.

– Vamos fazer isso ao cair da noite. Reúna o povo no local de costume e veremos o que eles têm a nos dizer.

À noite o pajé se concentrou em uma clareira próxima à aldeia. Juntos estavam Hauanã e suas esposas, Jupira, os conselheiros e alguns guerreiros. Depois de algum tempo, Chaurê começou a falar com uma voz estranha, diferente da que eles estavam habituados, mas entendiam perfeitamente:

– Todos que estão reunidos neste solo sagrado devem se concentrar e ter um único pensamento: pedir a Tupã que permita salvar a vida deste filho que está perdido!

As pessoas baixaram as cabeças, dobraram seus joelhos e elevaram seus pensamentos ao Grande Espírito, pedindo com todas as suas forças que Tupã os abençoasse e permitisse que o Guardião alcançasse Haurendê a tempo de salvar sua vida. Enquanto isso, o Guardião continuava a falar:

– Que todos possam aprender com esta lição. Grande Espírito! Muito mais perdidos são aqueles que não confiam em seus antepassados, em suas histórias e provas de bravura e coragem. Quem se perde de suas raízes, acaba perdendo a direção de seu caminho. Por causa do desespero e da falta de fé, muitos abandonam os ensinamentos.

O Guardião parecia querer não só auxiliar a encontrar Haurendê, mas também deixar uma lição para que todos os que haviam perdido o seu caminho na vida pudessem também reencontrá-lo.

– Vocês devem reunir sete bravos guerreiros para partir em direção ao Norte, seguindo pelo rio; quando o rio encontrar as águas grandes, lá eles acharão o que estão buscando.

Logo que voltaram para a aldeia, Hauanã convocou o Conselho e foram então escolhidos os sete guerreiros mais honrados da tribo, entre eles estava Joropê, irmão de Cojupauí e muito amigo de Hauanã, que ia comandar o grupo. Eles deveriam partir com os primeiros raios de sol na direção indicada pelo espírito. Durante a noite, os anciãos se reuniram em torno da fogueira e oraram a noite inteira pelo sucesso da empreitada.

Durante a caminhada, os guerreiros, embora experientes, encontraram muita dificuldade; aquele caminho nunca havia sido desbravado por eles. O rio, que eles chamavam de Maitá, era muito extenso. No caminho, passaram pela aldeia dos Tupinambás. Junto aos índios amigos, puderam consultar o pajé, que revelou haver uma trilha dentro da mata que permitia chegar mais rápido ao local onde às águas se encontravam. Recomendou também que eles se dividissem, para um grupo seguir pela trilha e outro pelo rio. O cacique tupinambá convocou três de seus melhores guerreiros, Apoema, Irani e Apuã, e os juntou aos Comanches para auxiliá-los na busca.

Os dois grupos caminharam uma noite e um dia. O grupo que seguiu pela trilha chegou no encontro das águas ainda durante o dia e o outro grupo chegou quando começava a anoitecer. Nenhum dos dois grupos encontrou Haurendê. E resolveram acampar ali mesmo até que pudessem ter uma noção do que fazer. Acenderam uma fogueira e pediram proteção aos antepassados, rogando que um sinal pudesse revelar-lhes qual o local onde poderia estar Haurendê.

Os guerreiros ficaram várias horas em oração e contemplação, até que o cansaço os dominou e entraram em sono profundo. Joropê sonhou que caminhava em uma terra toda branca, que formava uma grande poeira e lhe batia no rosto. Batia com tanta força que chegava a machucar e ele ficava como que cego, pois praticamente não conseguia abrir os olhos. Ele tentou correr para se proteger daquela tempestade de areia e, quando parou, viu Iara rindo e lhe dizendo: "Quando estiveres buscando algo que perdeste, olha primeiro dentro de ti. É preciso procurar sempre dentro, e não fora". À medida que Iara ia falando, Joropê ia afundado na terra branca, até que acordou assustado.

Imediatamente acordou seus companheiros e contou o sonho. Todos concordaram que Iara estava dando um aviso e que eles deveriam fazer o que ela disse. Um dos guerreiros falou:

– Se um de nós tivesse perdido algo, o que faria?

– Não é isto que ela quer dizer – disse Apoema que estava de cabeça baixa, pensativo. – Ela falou que buscamos sempre o que está dentro, e não fora, e ele foi se enterrando na areia... O filho do cacique deve estar coberto de areia.

Todos concordaram que esta interpretação estava correta e foram imediatamente procurar. Como a região era de difícil localização, eles levaram galhos e iam enterrando no chão, para marcar o caminho. Como haviam se afastado do rio em direção às grandes dunas, começaram a sentir muita falta de água, pois o Sol estava a pino. Por essa razão, a busca era lenta, com várias paradas e muita atenção para perceber os sinais de algo enterrado.

A uma certa altura, Joropê viu um pequeno poço e, de tão contente, avisou os outros e saiu correndo, sedento por um gole de água fresca. De repente, todos escutaram um grito dele.

– Venham, depressa! Encontrei algo – na corrida, tropeçou no monte e caiu e, quando olhou para o local onde tinha tropeçado, viu o corpo de um homem, parcialmente enterrado na areia.

Imediatamente eles desenterraram Haurendê que, apesar de muito fraco e inconsciente, estava vivo, para grande felicidade de todos. Levaram-no até o poço e, enquanto alguns preparavam alimentos, outros improvisaram uma tarimba para que ele fosse carregado.

O caminho de volta foi mais lento, e eles levaram dois dias e duas noites para chegar à aldeia tupinambá. A comitiva resolveu descansar ali e aguardar que Haurendê se fortificasse o suficiente para caminhar até o território comanche. Um dos guerreiros foi na frente para dar a boa notícia. Ao chegar à aldeia, foi recebido com preocupação; dirigiu-se à oca do cacique e relatou todo o ocorrido. Hauanã foi até o Conselho e ao pajé, para também relatar as boas-novas.

Toda a tribo comemorou a notícia, aguardando com ansiedade a volta de Haurendê.

Depois de três dias, o restante dos guerreiros chegou em casa. A tribo toda estava em festa por seu filho querido ter sido salvo, mas ele estava muito triste e abatido. Não se perdoava por achar que havia falhado como guerreiro: além de não trazer bicho, tinha se perdido, causado preocupação e trabalho para toda a tribo e até para os amigos Tupinambás.

Percebendo a tristeza do filho, Hauanã o chamou para uma conversa.

– Você não está contente por ter sido trazido de volta?

– É claro que estou contente por estar de volta, mas, se eu falhei como guerreiro, falhei ainda mais como cacique...

– Você está sendo injusto consigo mesmo, Haurendê. Se tiver alguém hoje preparado para ser cacique, este alguém é você.

– Você deve estar querendo me animar, papai.

– Não, não estou. Você provou que é o mais forte de todos, pois conseguiu se manter vivo depois de uma prova tão grande. Embrenhar-se na mata para caçar bicho é uma tarefa arriscada e difícil, mas cada guerreiro vai e volta sob as ordens de Tupã. Mas aquele que resistiu a tanto sofrimento, este fortaleceu seu espírito.

Nisto, Embiaté chegou e intrometeu-se:

– Eu fico feliz por estar vivo, mas você não é forte como eu. Você é fraco como seu pai, que nas batalhas acaba ficando atrás de outro – disse Embiaté, como sem perceber que suas palavras eram duras demais para aquele momento. – Enquanto você tiver seu pai para falar coisas bonitas sobre você, vai ser considerado um grande guerreiro. Mas Hauanã não vai durar a vida inteira, e a tribo não vai viver das palavras bonitas que ele fala.

Haurendê escutou sua mãe com certa serenidade e resolveu que, se ela podia falar assim com ele, ele também tinha o direito de abrir seu coração:

– Você nunca foi mesmo feliz ao meu lado. Sempre quis que eu fosse igual a você, mas não posso ser algo só porque você deseja assim. Eu só posso ser o que Tupã permite: nem mais nem menos.

– Vamos parar com esta discussão e vamos nos abraçar. Devemos agradecer a Tupã por cada um de nós sermos do jeito que somos. Vamos agradecer por estarmos vivos e pela oportunidade de aprender com cada sofrimento – Hauanã disse isso e abraçou Haurendê, que chorava copiosamente, enquanto Embiaté, meio a contragosto, pôs a mão nas costas de seu filho, fechou os olhos e ficou escutando a prece que o cacique proferia.

Depois da prece, os três voltaram para junto do povo. Jupiara, ao ver Hauanã abraçado a Haurendê, correu em sua direção puxando-o pela mão:

– Papai, você deve desistir de pensar que Haurendê pode ser cacique. Ele não serve para isso, porque só os fortes podem conduzir o povo. E Jupira falou que fará de mim uma grande guerreira, porque eu já sou forte e corajosa. Ela falou, papai, que com a ajuda dela, eu seria a maior guerreira comanche de todos os tempos. Você ainda terá muito orgulho de mim. Quando chegar o momento de eu ser a guardiã, vou afastar todas as suas mulheres, porque elas não cuidam direito de você. Vou colocá-las todas para trabalhar e dizer que você não precisará mais delas. Somente eu cuidarei de você! – Hauanã riu e, em pensamento, lamentou mais uma vez por Iara não poder estar ali para ver que indiazinha esperta estava se transformando Jupiara.

E a Vida Continua

Depois de passado um tempo do retorno de Haurendê, o Conselho reunido decidiu que ele e Tupiaurê iriam continuar aprendendo a ser cacique. Recomendaram que os dois passassem a conviver mais com Hauanã. Antes de tudo, deveriam ficar sabendo de todas as histórias dos Comanches, da vinda de uma terra distante, aprender sobre seus antepassados, sobre os deuses e cada coisa que Tupã havia colocado na Natureza.

Por outra vez, Jupiara continuava aprendendo a arte xamânica com Jupira, que a ensinava por sua conta e risco mesmo sem autorização. A pequena fazia tudo o que a filha do pajé ensinava, sem que ninguém na tribo soubesse o que estava acontecendo. Essa situação ficou ainda mais séria quando Hauanã, que agora precisava ficar mais tempo ensinando seus filhos mais velhos, foi ter com Jupira e pediu que ela cuidasse mais de sua pequena.

Durante todos esses anos, Hauanã esforçou-se para passar aos seus filhos todas as histórias, leis e tradições da rica cultura comanche enquanto eles também aprendiam a conduzir o dia a dia da comunidade.

Quando se aproximava a festa de comemoração da colheita, Chaurê anunciou que iria pedir aos espíritos protetores orientações para a tribo e também agradecer pela colheita abundante. O pajé escolheu alguns guerreiros que pudessem conduzi-lo até a clareira e se retiraram para o local onde costumava fazer seus rituais mediúnicos. Depois de algumas orações e danças feitas pelos guerreiros, ele entrou em transe e dirigiu-se ao cacique com uma voz diferente:

– Se você está aqui e é cacique, é por minha causa; não vou admitir que continue vivendo com tantas esposas e não vou perdoar seu abandono. Eu sei que não posso confiar em muita gente da aldeia e também não vou descansar enquanto não afastar as pessoas que querem destruí-lo. Você não tem olhos para ver a maldade que o está cercando e somente eu posso defendê-lo. Desse jeito e no meio destas pessoas, você nunca será feliz. Mesmo que, no meio de tanta incerteza, me abandone, eu nunca vou abandoná-lo. Eu vou fazer o possível e o impossível para vê-lo livre desta situação.

– Mas quem é você? Por que diz que vai me proteger e afastar as coisas ruins de mim? Você, por acaso, é o Deus da Noite?

– Para você eu sou muito mais que o Deus da Noite!

– Então você deve ser enviado de Iara.

– Você ama tanto assim Iara que chega a achar que um enviado dela possa ser mais forte que seus antepassados?

– Se você é tão amigo e protetor quanto diz que é, deve saber o quanto eu sinto falta dela. Deve saber também o quanto eu peço aos deuses que me deem a oportunidade de encontrar com ela pelo menos mais uma vez.

– Iara não pode mais vir até sua presença. Não é a você que ela pertence. E você deve ter forças para enfrentar seus inimigos. Se não cuidar, eles vão destruí-lo mais uma vez, como já fizeram antes.

– Eu não estou entendendo suas palavras. Todas as pessoas que estão à minha volta são meus amigos e nunca ninguém fez, nem faria mal a mim.

– Quando você tiver ouvidos para ouvir e acreditar no que estou dizendo, tudo ficará mais fácil. Você precisa acreditar que somente eu sei o que é melhor para você.

– Eu não o estou entendendo mais. Você traz grande alegria e enche meu peito de felicidade com sua presença; mas o que diz é só tristeza. E não sei mais o que sinto, paz e alegria ou ódio e amargura. Por que se é verdade o que está dizendo, meu coração se enche de rancor por pessoas que são muito importantes para mim e sempre me trouxeram alegria. Como posso sentir duas coisas ao mesmo tempo?

– Você só não entende porque não quer. Se você se permitisse enxergar a realidade à sua volta, poderia compreendê-la melhor e assim seu coração não se renderia aos sentimentos de rancor, tristeza e ódio. Você percebe que estes sentimentos querem brotar dentro de si porque está se achando enganado. Mas ninguém nos engana, a gente é que se deixa enganar quando não quer ver a realidade; e a realidade, neste caso, é que as pessoas não são tão boas e tão puras quanto você gostaria que fossem. Elas estão neste mundo porque têm muito a aprender, e ninguém evolui se não passar por todas as provas que vão fortalecer o seu espírito, mesmo que erre muitas e muitas vezes.

Hauanã parecia atônito com as palavras daquela entidade; sua cabeça parecia girar em todos os sentidos, sem se fixar. Durante aqueles momentos, que pareciam uma eternidade, o cacique não sabia se agradecia a Tupã pelos avisos e proteção que estava recebendo, ou deixava que a revolta tomasse conta de seu espírito. Para ele, era muito difícil acreditar que pessoas muito chegadas a ele poderiam estar tramado coisas e faltando com a verdade. Ele não podia entender isto, pois praticamente tinha anulado a própria vida para que todos pudessem ser felizes e a aldeia seguisse seu curso. Hauanã foi interrompido em suas elucubrações pelo espírito, que havia feito uma pequena pausa em sua fala:

– Eu vou embora, Hauanã, mas apenas vou me afastar deste corpo, não vou abandonar você. Eu não existo sem você, assim como você não existe sem mim – dizendo isto, o espírito retirou-se e o corpo do pajé caiu perto de onde estavam os guerreiros, que assistiam a tudo aquilo sem dizer uma palavra.

O cacique também caiu de joelhos sobre a terra molhada de sereno. Era como se o espírito tivesse levado toda a sua alegria e deixado apenas a tristeza.

Quando o pajé recobrou seus sentidos, Hauanã pediu que ele voltasse para a tribo e levasse todos os guerreiros, pois queria permanecer mais um pouco por ali. A cabeça do cacique continuava a rodar e as lágrimas desciam copiosamente pela sua fronte morena. Ele buscava respostas, mas não conseguia entender o sentido de todas aquelas coisas que o espírito lhe falara. Então, foi como que perdendo o controle do seu próprio espírito e entrando em desespero; seu corpo tremia como galhos de árvores em dia de ventania forte. Ele nem mesmo conseguia entender o que sentia; não sabia se estava feliz ou triste; se tinha ganhado ou perdido. Como que em transe, deixou seus joelhos escorregarem e seu corpo todo tocou o chão. Ficou lá estendido, como que desfalecido, enquanto as lágrimas quentes desciam de sua face e se misturavam ao orvalho da noite.

De repente, alguém colocou a mão no ombro de Hauanã; ele virou depressa, deparando-se com aquele mesmo guerreiro misterioso que havia aparecido para ele na beira do rio e desaparecido tão rápido quanto chegara.

– Fique alegre, meu amigo. Agradeça ao Grande Espírito pela permissão do encontro que acabou de ter. Não se deixe entristecer e nem que o rancor e o ódio tomem conta de seu espírito, que sempre foi tão bom. Cada espírito só é completo quando consegue aprender com os sentimentos humanos. Nenhum espírito pode ser criado apenas na alegria. Cada um de nós, para sermos completos, precisa experimentar a sombra e a luz que existem dentro de nós. Enquanto está chorando, muita gente está se alegrando, pois sabe a grandiosidade que foi o encontro que acabou de ter. É preciso que tenha mais resignação, já que este é o único jeito de conseguir auxílio. Este sofrimento que está em seu caminho não está aí por acaso; faz-se necessário para a sua evolução, e somente aprendendo o que tem de aprender com toda essa provação é que vai ter força e sabedoria para cumprir a sua missão e tudo aquilo que um dia prometeu para seus protetores. Se você se deixar sucumbir pelo desespero, serão duas almas e um espírito que vão se perder. Existem muitos amigos ao seu lado, e o auxílio desse espírito que acabou de se comunicar com você depende somente de si. Seja feliz e em nenhum momento esqueça de agradecer a Tupã. Um dia, Hauanã, vai poder abraçar a todos e agradecer pela importância de cumprir esta missão.

– Quem é você, que sempre aparece quando eu mais preciso?

– Eu sou apenas o seu caminho seguro; sempre que estiver perdido, sem saber qual caminho tomar, tenho permissão de estar ao seu lado. Que Tupã ilumine a tribo e a sua vida, agora e sempre!

– Por favor, espere mais um pouco...

– Não posso – e, dizendo isso, o guerreiro misterioso desapareceu no meio da mata, como que por encantamento.

O contato com aquele guerreiro, que ele não sabia quem era nem de onde vinha, deixou Hauanã mais animado, apesar de ainda muito preocupado. Não sabia exatamente o que sentia. Gostaria de compartilhar aquilo tudo com Chaurê e tinha receio de fazê-lo, mas sabia também que, se não fizesse, não teria com quem compartilhar.

Nisto, lembrou de agradecer ao Grande Espírito – assim como tinha recomendado o guerreiro – e também aos antepassados. Em pouco tempo adormeceu, ali mesmo deitado na relva e, naquela noite, sonhou com Iara.

Iara o tirava da relva, puxando-o pela mão, e dizia:

– Fique calmo, Hauanã.

Ao vê-la, o coração dele quase saiu pela boca:

– Eu não posso acreditar que estou com você.

– Acalme-se, meu amigo. Se estou aqui é porque foi permitido. Vamos aproveitar esta oportunidade e auxiliar os que precisam – enquanto dizia isto, Iara segurava a mão de Hauanã e o conduzia por um caminho que desembocava em um pântano muito escuro, onde se escutavam gritos e lamentos. Parecia que aquele lugar não tinha fim. Depois de algum tempo, o cacique avistou uma choupana toda coberta de palha.

– Onde nós estamos indo, Iara?

– Nós vamos socorrer quem está precisando de nosso auxílio – e empurrou a porta da choupana. Hauanã pôde ver uma mulher deitada em uma tarimba. Quando essa mulher o viu, levantou sua mão e disse:

– Bartolomeu, eu preciso de sua ajuda. Foi Deus quem o mandou aqui!

– Iara, a quem ela está chamando?

– Escute o que ela tem a lhe dizer; fique junto dela.

Uma energia muito forte puxava o cacique para junto daquela tarimba. Ao se aproximar, a mulher acamada pegou a mão dele e não parava de beijá-la:

– Você precisa me ouvir e saber de mim; eu preciso muito de você. Você prometeu que não iria me abandonar.

– Eu não a conheço, mas se você está precisando de auxílio e, se eu puder ajudar, vou estar ao seu lado sempre que for necessário.

Ela começou a falar em uma língua estranha que Hauanã não conseguia entender. Ele olhou para Iara, como que pedindo auxílio para entender tudo aquilo que estava acontecendo.

– Olhe para ela, Hauanã, que você vai conseguir entender.

Ele olhava para aquela mulher balbuciando palavras estranhas em uma língua que ele não conhecia e, por mais que se esforçasse, não conseguia compreendê-la.

– Não me abandone – disse ela agora na língua de Hauanã.

– Mas eu não sei o que fazer e não estou entendendo o que está acontecendo.

De repente, Hauanã não soube se ela mudou de língua ou se passou a entendê-la:

– Você deve se afastar daquelas pessoas, porque querem seu mal. Somente eu posso lhe dar alegria e felicidade! Por que você me abandonou aqui?

– Iara, não escute estas palavras, porque eu não a conheço e nem sei de onde ela veio; como posso tê-la abandonado?

Iara se aproximou da tarimba, abaixou-se um pouco ao lado de Hauanã e disse:

– Ela precisa muito de você. Saiba que ela só vai conseguir livrar-se desta tarimba e deste lugar se estiver ao seu lado.

– Não me deixe, não me deixe – dizia a mulher, segurando com mais força nas mãos do cacique assustado.

Iara olhou para a mulher e falou com firmeza:

– Você pode sair daí quando quiser e sabe que não está presa. Você pode caminhar, se quiser. Que o Grande Espírito a ilumine!

Nisto, Iara pegou Hauanã pela mão e tirou-o da choupana. Quando saíram, o cacique viu uma cena inesquecível. Eram várias pessoas pegando fogo e gritando, vindo na direção deles e pedindo perdão. O cacique fugia e, quanto mais fugia daquele povo em chamas, mais eles se aproximavam. Nesse desespero, Hauanã acordou. O dia já ia despontando no horizonte.

Passaram-se vários dias desde que Hauanã tivera aquele sonho cujo significado ele não entendia. O povo da tribo estava estranhando muito as atitudes do cacique e ele não sabia com quem falar. Resolveu procurar seu irmão Anori, porque confiava muito no discernimento dele, já que era muito ligado às coisas do espírito. Contou-lhe o sonho e o que tinha acontecido. Anori respondeu:

– Meu irmão, acho que não é bom que você conte tudo isto ao povo; eles se assustariam dizendo que é aviso dos deuses de que a tribo estaria em perigo. Mas eu tenho certeza de que não é um aviso para a tribo. Acho que quem corre perigo é você mesmo.

– Mas que perigo seria esse?

– No seu caminho tem muita ganância; muitas pessoas se aproximam com interesse no poder, por isto há muito ciúme, falta de amor e de entendimento mútuo.

Hauanã fez ares de bravo com o irmão e discordou dele:

– Eu não acredito nisto. Todas as pessoas que me rodeiam querem meu bem.

– Gostam mesmo, mas eles não gostam o suficiente um do outro.

– Mas, se isto é certo, o que se pode fazer para mudar?

– Você só pode melhorar a si mesmo, assim como cada filho da aldeia só pode melhorar se fizer o trabalho consigo. Cada um de nós nasce de um jeito e vem com a missão de melhorar a si mesmo e não aos outros. Se cada um se melhorar, toda a aldeia cresce e será amparada pelo Grande Espírito.

– Existe uma maneira de passarmos este ensinamento para o povo?

– Cada um tem a sua dificuldade e o seu tempo de aprender. Você não pode ir à frente para tirar a pedra do caminho do povo, pois você só é capaz de tirar a pedra do próprio caminho; a do próximo só ele pode tirar. Você é cacique da terra, não do Espírito. Existem dificuldades e problemas que nem mesmo você pode melhorar. Então aceite o seu corpo e o seu espírito com toda dificuldade que eles demonstrem, mas fique certo de que o Grande Espírito e todos os antepassados dos Comanches vigiam e protegem a aldeia. Meu irmão, lembre-se do que você escutou no sonho: nunca se sinta só, pois todos somos um todo, e o todo é cada um de nós!

– Agradeço a oportunidade de aprender tantas coisas boas com você. Se puder, auxilie todos assim como você me auxiliou.

– Eu estou disponível, mas somente posso fazer ou dizer algo a quem permite. E sou eu quem agradece a oportunidade de conversar com você.

Quando Hauanã retornou para a tribo, encontrou Luandê chorando muito.

– Mas o que aconteceu para você ficar neste estado?

– Jupiara me disse que nada nem ninguém ia ficar no caminho dela e que, se alguém fosse empecilho, faria como se faz com o bicho na mata. Disse-me também que sabe do meu segredo e daria um jeito na situação, começando por destruir o próprio fruto daquele segredo.

– E você, o que disse a ela?

– Eu neguei que existisse algum segredo e a orientei a manter a cabeça no lugar, porque você não admitiria coisas deste tipo, que só trariam tristeza.

Hauanã deixou Luandê, foi atrás de Jupiara e lhe perguntou:

– O que está acontecendo?

– Pai, você não precisa se preocupar. Embiaté contou tudo para mim e eu vou dar um jeito. Você não vai mais sofrer com essa situação ridícula, e o melhor é começar pelo próprio fruto da traição, destruindo o filho de Luandê.

– Você está louca? Esqueceu que Rananchauê é sangue seu? Ademais, o que Embiaté falou não é verdade. Ela falou assim somente pelo ciúme que sente. Inventou essa história, mas isso não é desse jeito.

– Você não me engana, pois eu sou mais rápida do que flecha ligeira; mais atenta do que a coruja e mais esperta que a raposa. Nada do que acontece na aldeia se passa sem que eu saiba. E o que se passa no mundo do espírito, Jupira me fala. Não tenha medo, papai, porque eu aqui estou para defendê-lo.

– Eu quero que você cuide de mim, Jupiara, mas você deve sempre se manter ao meu lado – disse o cacique, com receio do que via nos olhos dela. Por mais que não quisesse enxergar, via sentimentos de posse, de ciúme e de vingança.

– Eu nunca sairei do seu lado. Não tenha medo, que eu vou defendê-lo sempre.

Hauanã ria com tanto atrevimento. Ela estava com 12 anos; embora crescida e forte por ter sido criada como se fosse um guerreiro, era apenas uma criança. Saiu dali e foi para a oca de Luandê.

– Luandê, não se preocupe.

– Você pode achar que não vai acontecer nada, mas sei que ela está tramando algo de errado e tenho medo, muito medo do que possa fazer.

– Ela é apenas uma menina atrevida, que perdeu a mãe muito cedo e não pode fazer mal para ninguém.

– Tomara que você esteja certo.

Hora de Ir para a Mata

Nesse dia, Hauanã foi para a oca de Cojupauí. Ela estava conversando com Capauasul.

– Meu filho, é muito bonito ver você respeitando Cojupauí como sua mãe. Vim até aqui para dizer que chegou a hora de você enfrentar o desafio da mata.

– Papai, eu não faço gosto de caçar; prefiro ficar na aldeia e auxiliar a todos no que for possível.

– Você não tem de querer; esta é uma lei da tribo e você vai ter de cumpri-la, como todos os outros, assim como eu também tenho de seguir os costumes e não posso simplesmente deixar de fazer as coisas por minha vontade.

– De que adianta seguir as regras e ser infeliz como você? Você deixa que todos o comandem. Você não é dono da própria vida. Metade dela é comandada pelo pajé e você nunca faz o que quer...

– Capauasul, não permito que você fale assim com seu pai.

– Cojupauí, ele precisa ouvir, porque o povo nunca disse nada para ele por não ter coragem. Por agir assim é que ele não é feliz e é por isso que ele nunca gostou de você e tampouco das outras esposas. Ele nunca foi homem para você e também para nenhuma outra, a não ser para Iara, que foi o único amor da vida dele.

– Por que está fazendo isso comigo?

– Porque precisa de alguém que consiga abrir seus olhos e faça você enxergar que a sua vida está passando e você não a está vivendo... E eu não vou permitir que façam isso comigo também.

– Cala a boca, Capauasul, e saia daqui agora! – e Cojupauí foi empurrando-o para fora.

– Você não precisava tê-lo colocado para fora.

– Ele precisa respeitá-lo, e você deve se impor como pai.

– Não posso forçá-lo... Se ele está me tratando desse jeito, deve ser porque estou errando. Eu sei que você quer o melhor para mim e ele é um menino de muito valor. Assim como fui induzido a ter sete esposas, ele também está sendo induzido a tornar-se um guerreiro. E só quando ele se tornar guerreiro vai entender o porquê de eu ter sete mulheres.

– Por falar nisto, por que faz tanto tempo que você não me procura?

– A tribo está muito atrapalhada e tenho estado às voltas com os problemas dos filhos também. Na verdade, não é que não a procure em particular; não tenho procurado por nenhuma das esposas.

– Não é isto que vejo... Não só eu, mas toda a tribo sabe que você não sai da oca de Luandê. Por quê? Ela é mais formosa do que as outras? Depois de Iara, é dela de quem você mais gosta? O que ela tem de tão interessante assim para você desprezar as outras? Você não se agrada de mim? Talvez porque eu seja a mais velha de todas e não a mulher que você queria, mas ela deve ser, já que você vai sempre lá...

– Eu realmente vou muito lá porque é o único canto que posso deitar minha cabeça sem ser cobrado de um milhão de coisas.

– Se eu tivesse você sempre ao meu lado, também não faria cobranças...

– Talvez tenha razão, esta noite vou ficar com você.

No dia seguinte, Jupira veio conversar com Hauanã, que estava sentado ao lado de sua oca, junto com a caçula Jupiara.

– Eu preciso me ausentar durante alguns dias, porque minha provisão de ervas está no fim. Devo ficar fora uns sete dias. Preciso ficar esse tempo todo, porque além de encontrar e colher as ervas certas, precisarei invocar os deuses para que eles abençoem as plantas.

– Pai, deixa-me ir com Jupira colher ervas?

– Não, você só daria trabalho para Jupira, que terá muito a fazer nestes sete dias.

– Você pode autorizar, porque não será trabalho para mim. Além disso, seria muito bom para ela poder aprender sobre as ervas, e também me fará companhia.

– Está bem, Jupiara pode ir com você, mas um guerreiro acompanha as duas. Fale com Iorondê para que vá junto.

Jupira foi para sua tenda arrumar provisão para si e para a pequena, e também mandou avisar Iorondê que se preparasse para subir a serra. No dia seguinte, os três iniciaram sua jornada bem cedo e caminharam sem parar até que o Sol estivesse no meio do céu. Era um dia muito bonito e o Sol estava mais quente do que de costume, mesmo porque eles tinham subido bastante a montanha. Resolveram parar e se alimentar, enquanto esperavam que o Sol amainasse.

Descansados e alimentados, seguiram pelo caminho da serra. Jupiara era a que mais se divertia com seus dois professores. Enquanto seu tio lhe ensinava sobre os bichos e a caça, Jupira lhe mostrava tudo sobre as ervas. Era noitinha quando os três chegaram ao ponto mais alto da serra e armaram a barraca para abrigá-los durante a noite.

No dia seguinte, todos estavam de pé com os primeiros carinhos do Sol. Sem perder tempo, Jupira foi atrás das ervas de que precisava para seus preparados e rituais. Jupiara e seu tio ficaram mais próximos à barraca e a menina aprendia tudo que podia sobre a caça. Quando conseguiram caçar um bicho, seu tio lhe ensinou a forma certa de tirar o couro, pois era uma matéria-prima muito importante para os Comanches. Com o couro eles faziam instrumentos, colares, roupas e outros pertences. Pelos costumes, não se deveria desperdiçar nada de um animal; só jogaria fora aquilo que não tivesse nenhum proveito.

À noite, os três estavam reunidos em torno do acampamento improvisado e Jupira iniciou seu ritual em volta da fogueira. Ela fez um círculo com água em torno do fogo e colocou as ervas colhidas naquele dia entre o fogo e o círculo de água. Concentrou-se, fez algumas orações em voz alta e, em pouco tempo, estava tomada por um transe. Iorondê, que assistia a tudo com o maior respeito, abaixou a cabeça, no que foi seguido por Jupiara, que procurava fazer tudo o que ele fazia.

Jupira, em transe, começou a girar seu corpo a uma velocidade incrível até que deu uma grande gargalhada e parou quase que instantaneamente. O guerreiro ainda estava de cabeça baixa, quando Jupiara se virou para ele e, com muita curiosidade, perguntou em voz baixa:

– Por que ela está rindo? Quem é que está aí?

– Eu sou o Deus do Poder – respondeu a entidade que se comunicava por Jupira, antes mesmo que o guerreiro pudesse pensar em uma resposta. – Tudo que for solicitado a mim, é alcançado! Nada é impossível para mim.

– Se você é quem diz ser, por que não curou meu irmão Tupibachá e também Italonã, que não faz mais moradia na terra?

– Meu poder está em deixá-los assim – e o espírito deu outra estrondosa gargalhada.

– Afasta-se de mim, que eu não tenho medo de você – disse Jupiara, agora empunhando uma tocha de fogo que havia pegado na fogueira. – Você não assusta a mim! Pode até botar medo nas lebres que ficam saltando assustadas no meio do mato. Você está mentindo. O poder está dentro de cada pessoa, e não apenas em uma entidade. Só é poderoso aquele que tem coragem de enfrentar seus medos.

– Respeita quem você não vê – interviu o tio de Jupiara!

– Eu só respeito quem merece ser respeitado!

– Você não perde por esperar – disse o espírito, saindo do corpo de Jupira de forma brusca, jogando o corpo dela de encontro ao chão.

– Não tenha medo, Jupira – falou Jupiara, que correu para junto dela. – Eu estou aqui para te defender.

– Jupira, os espíritos estão zangados com Jupiara, pois ela os enfrentou. Seria bom que você fizesse suas preces para que eles não a persigam. Acho que Hauanã também deve ficar sabendo do ocorrido aqui.

– Acho melhor você não dizer, Iorondê, pois assim ele não vai mais permitir que ela saia da tribo.

– Vocês não precisam se preocupar; eu mesma falo. Nada do que eu fizer vai ser escondido.

Quando amanheceu no dia seguinte, Jupira falou com o guerreiro e pediu para que ele fosse colher as ervas enquanto ela cuidava da pequena:

– Iorondê, eu vou orientá-la sobre quais plantas devem ser coletadas hoje. Eu prefiro ficar no acampamento com Jupiara, pois temo que ela possa ser atacada pelos espíritos. Caso aconteça, e eu estiver por perto, saberei o que fazer.

Jupira esperou o guerreiro se embrenhar na mata e chamou Jupiara:

– Agora eu quero que você me conte tudo o que o espírito lhe falou.

– Então você não acredita que ele é o Deus do Poder?

– Não.

– Pois saiba que toda a força que eu tenho vem dele. O poder não é algo que se ganha; é algo que se toma à força. Você tem de se comprometer profundamente e ter absoluta certeza do que quer. Você nunca pode ser boa demais, porque assim nunca será poderosa. Veja sua mãe, Iara; foi tão boa para os outros e o que adiantou? Ela era a mais sábia e bondosa de todas as mulheres de seu pai, e veja o que as outras fizeram para ela? Por causa do poder, elas se uniram, acabaram provocando sua morte e deixaram você abandonada.

– Eu não acredito nisso, Jupira; ela não está aqui porque a missão dela acabou e foi chamada por Tupã.

– Você é muito pequena e não entende nada de missão. Eu estou lhe falando a verdade, porque a quero como filha; e elas fizeram feitiço para provocar a moléstia de Iara. Infelizmente não pude fazer nada, porque minha visão foi em sonho...

Jupiara ficou atônita com a fala de Jupira, em quem ela acreditava muito, além de admirar pelos seus dotes xamânicos. Seu coração começou a se encher de sentimentos contraditórios, o cenho foi ficando franzido, os olhos passaram a olhar fixo para um ponto perdido no nada. E Jupira, ainda não satisfeita, continuou:

– Você nunca será poderosa como quer enquanto não fizer justiça, enquanto não afastar de seu pai todas essas mulheres falsas, que só estão com ele por causa do poder.

Quando Jupira acabou de falar, o rosto da caçula de Hauanã estava coberto de lágrimas. Ela deixou seu corpo cair sobre a terra e, olhando fixo para o céu, pensou: "Eu vou lhe vingar, mamãe; as coisas não vão ficar deste jeito; uma a uma daquelas mulheres vai sofrer por cada mal desejado para você".

Virando seu rosto para o chão, falou como se conversasse com a terra: "E você, de onde vem a minha proteção e a minha energia, eu lhe prometo que nunca mais derramarei uma lágrima sobre você! Eu serei forte como as pedras e segura como os troncos; estarei em todos os cantos como a terra e serei traiçoeira como a raposa. Não temerei nada que está sobre ti e nada do que está sob ti irá me fazer chorar. Eu sou filha de Hauanã e Iara, e a força dos dois comigo está. Nada neste mundo há de fazer meu pai sofrer e nada haverá de me derrubar, porque nós estaremos juntos para lhe vingar, mãezinha querida".

Enquanto isso, uma densa nuvem de energia escura descia sobre Jupiara e Jupira, enquanto esta escutava a declaração de guerra da pequena e pensava: "Agradeço a toda esta energia que está nos envolvendo neste momento, pois finalmente meu plano está dando certo...".

Quando Jupira percebeu que a filha de Hauanã já tinha dito tudo o que queria, foi até o lado dela e a abraçou, dizendo:

– Pode ficar tranquila, Jupiara, pois eu nada vou dizer ao povo da aldeia.

– Apenas guarde segredo enquanto eu não fizer justiça. Depois dela pronta, você pode dizer o que quiser, porque nada me assusta.

Ao olhar para os olhos da indiazinha, a filha do pajé percebeu que eles brilhavam feito duas brasas. Nisto, o guerreiro chegou com as ervas que havia colhido na mata. Jupiara se retirou, sem falar com ele, e sentou em uma pedra próxima.

– Jupira, o que aconteceu com Jupiara? Ela que sempre foi tão alegre, agora está tão triste... O que aconteceu?

– Não aconteceu nada, ela apenas está com saudade da aldeia e de Hauanã; querendo voltar.

– Jupira, você não precisa mais de mim aqui?

– Não, você pode descer com ela para a tribo, que eu fico para terminar o que vim fazer.

Iorondê chamou a pequena e disse que ela não se preocupasse; ele iria levá-la de volta à tribo. Ela olhou friamente para ele e balbuciou:

– Já era tempo – e fez todo o trajeto sem dizer uma palavra.

O guerreiro tentava o tempo todo animá-la a falar, brincava, pulava no galho para fazer barulho e assustá-la, mas ela não prestava a mínima atenção. Quando chegaram à tribo, ela não cumprimentou ninguém e foi direto até a oca de Hauanã:

– Eu fui pequena e voltei guerreira. Daqui para a frente não vai ter mais consigo a sua pequena; você ganhou mais um filho guerreiro. Nada vai mais atingi-lo, e todos que o rodeiam só vão poder se aproximar de você se for por amor. Nada mais vai lhe fazer mal, eu juro! Nada vai fazê-lo sofrer, porque não vou permitir.

– Minha filha, o que está acontecendo? Você me parece muito magoada, mas com o quê?

– Não se preocupe comigo. Só estou cansada de vê-lo chorando... Decidi que você não mais choraria e juntarei toda a minha força em defesa de você e de toda a tribo.

Desse dia em diante, Jupiara ficou cada vez mais sozinha; ela mesma não fazia questão da companhia das outras pessoas. Ficava o tempo todo vigiando as mulheres de seu pai, de longe, quase sem ser notada. E também perguntava muito sobre Iara a todos que encontrasse, especialmente para saber como Iara tratava as outras mulheres do cacique e vice-versa.

Tupiaurê, Haurendê e Rananchauê, os três filhos mais velhos do cacique, foram à caça e trouxeram uma boa quantidade de bichos. Era época de colheita e foi organizada uma grande festa para agradecer a abundância. Todos os Comanches colocaram suas melhores roupas e se enfeitaram com seus adereços. Um dos pontos altos foi a dança dos quatro elementos, em que a beleza e a harmonia dos movimentos e da música entusiasmaram toda a tribo. Era possível ver os sorrisos de alegria por aqueles momentos tão felizes na vida deles. Inclusive os menores tinham seu lugar na festa da colheita.

Aproveitando o clima festivo da noite, os três filhos foram até Hauanã, especialmente Tupiaurê e Haurendê, para dizer do interesse deles por duas lindas indiazinhas:

– Vocês ainda não podem se juntar a elas.

– Por que não podemos? – perguntaram quase ao mesmo tempo os dois mais velhos.

Eles estavam muito apaixonados e sabiam haver um impedimento para o casamento. Mas, como estavam inconformados com a situação, não queriam admitir.

– Eu não estou interessado em ninguém – entreviu Rananchauê –, mas acho errado, pai, que eles não possam se juntar a quem gostam. Se eles gostam delas e elas gostam deles, por que fazer eles esperarem? Por que você não dá o consentimento?

Enquanto falava, Rananchauê, que tinha comprado a briga dos irmãos, lembrou de Tupiauranã que, para os padrões dos Comanches, já tinha passado e muito da hora de constituir sua família, o que o intrigava, mesmo porque sentia por ele um misto de atração e repulsa:

– Pai, você quer que Tupiaurê e Haurendê e todos os seus demais filhos fiquem igual ao filho do pajé, que já conta com 42 luas e ainda não tem mulher para viver junto? Você quer que a gente viva solitário como ele?

– Se Tupiauranã está só, foi por decisão dele e deve contas apenas para a própria consciência. Vocês não podem se comparar a ele. Vocês são filhos do cacique e tem que seguir regras diferentes. Como mandam os costumes e como foi decidido pelo Conselho, vocês só vão ser considerados guerreiros completos quando tiverem feito a caçada. Logo, vocês têm de esperar para se juntar a quem gostam, até que todos os irmãos sejam guerreiros.

A situação era complicada. Para que os filhos de Hauanã pudessem constituir suas famílias, precisavam ser guerreiros e estar prontos para assumir como cacique. No entanto, pelas decisões que haviam sido tomadas, os filhos de Hauanã só estariam preparados totalmente quando todos os seis filhos fossem guerreiros. Como havia aqueles que ainda não tinham idade para ir para a mata e conquistar a honra de ser um guerreiro, os demais precisavam esperá-los. E isto implicava também que não podiam ser autorizados a constituir uma família. Na prática, embora já tivessem provado sua bravura e habilidade, ainda não eram considerados guerreiros de verdade. Embora Tupiaurê e Haurendê respeitassem as decisões que tinham sido tomadas, gostariam muito de poder ter suas próprias vidas e ficar com as mulheres que seus corações tinham escolhido.

– Quer dizer então que só vou poder ficar com minha escolhida quando todos os outros se tornarem guerreiros? – perguntou Tupiaurê, visivelmente contrariado. – Isto vai demorar muito... Além de que ainda vamos ter de esperar Jupiara ser aceita como guerreira, se é que isso vai acontecer.

– Meu filho, tenha paciência; tudo se resolve a seu tempo.

Todos se divertiam muito na festa e, depois de algum tempo pensativo, Hauanã chamou Haurendê e pediu-lhe que mostrasse quais eram as moças a quem ele e o irmão tinham se afeiçoado. Após conhecê-las, ele resolveu que deveria falar com os pais delas para dizer do interesse dos filhos. Os pais não só ficaram muito felizes como disseram que elas esperariam o tempo que fosse necessário para que o casamento acontecesse.

O cacique relatou os fatos ao pajé, que na própria festa anunciou a futura união dos dois casais. Mas os casamentos só aconteceriam depois que todos os irmãos se tornassem guerreiros.

Diante do clima da festa, cuja atenção tinha se voltado para os filhos do cacique e suas futuras uniões, todos queriam saber também por qual índia Rananchauê se interessava:

– Eu não vou arrumar ninguém para casar... Não estou na terra para ficar ao lado de mulher.

– Eu concordo com você – disse Jupiara –, pois eu também não quero homem nenhum ao meu lado. Vamos ficar nós dois, um cuidando do outro!

– Se vocês vão cuidar um do outro, o dia em que eu for chamado pelos deuses, vou descansado, pois vocês vão poder cuidar de Tupibachá também – afirmou Hauanã, que escutava a animada conversa dos filhos.

– Isto não, papai, pois acho que ele não vai durar muito...

– Não fale assim, Jupiara – interviu Tupiaurê –, pois a partida dele seria uma grande tristeza para todos nós.

– Eu falo o que sinto! Para mim não seria tristeza. Tristeza é o trabalho e a preocupação que ele dá para nosso pai; por que então ele precisa ficar na terra?

– Papai, você não precisa se preocupar, porque se você partir, eu tomo conta. Eu serei um grande cacique e tomarei conta de Tupibachá e de toda a tribo – falou Rananchauê.

– Você pode até cuidar dele, mas grande cacique não vai ser.

– Jupiara, venha comigo, vamos dar uma volta. Deixa seus irmãos conversarem; você não deve interferir nas escolhas deles.

– Eu tenho de falar tudo o que está dentro de mim. Nunca vou mentir, pai. Sempre vou dizer o que quero e penso. Tudo o que eu disser ou fizer nunca vai ser por mim, mas por você e por aqueles que amo.

Hauanã olhava sua única filha carinhosamente e tentava entender o que se escondia naquela alma de atitudes tão decididas. Embora a festa ainda estivesse no auge, o cacique resolveu se retirar e convidou Jupiara para dormir. De alguma forma, ele sabia que não devia deixá-la sozinha no meio do povo.

A Primeira Vítima

No dia após a festa, ao sair de sua oca, Hauanã encontrou Suapó e Vainté já esperando por ele:

– Cacique, nós duas viemos agradecer por ter ido falar com nossos pais sobre o interesse de seus filhos em nós. Tudo o que queremos é ficar com eles e fazê-los muito felizes! Pedimos que Tupã abençoe nossas uniões!

– O que mais quero é ver meus filhos felizes como um dia fui com Iara. Sei que só podemos ser felizes se estivermos com o amor em nossos corações. E é certo que Tupã já abençoou o amor de vocês.

As duas, então, foram cuidar de suas tarefas diárias. Jupira, após sete dias de trabalho na mata, estava retornando com suas ervas, aparentava uma grande alegria, que não se sabia de onde vinha.

– Jupira, por que você voltou tão bem de seu trabalho na mata?

– Ora, é porque tive a bênção de ser salva do ataque dos bichos ferozes e trazida pelos Espíritos.

Desconversando quem a cercava, Jupira foi atrás de Jupiara:

– Como você está? Alguém ficou sabendo do que descobriu?

– Não, ninguém está sabendo. E eu queria mesmo lhe pedir uma coisa: você sabe fazer algum preparado de ervas para acalmar Tupibachá?

– Por que você está perguntando isto?

– Tupibachá incomoda demais meu pai, ele grita muito, até mesmo à noite, e não deixa papai descansar direito; ele já tem tantos problemas e não consegue nem um minuto de paz.

– Eu até posso fazer, mas acho que Hauanã não vai permitir que ele beba.

– Não se preocupe. Como filha do cacique, eu a autorizo a fazer o remédio de ervas e depois me acerto com meu pai.

– Já que você autoriza – respondeu Jupira, com um sorriso de ironia no canto da boca –, então eu faço.

Jupiara ficou satisfeita com a aquiescência de Jupira de fazer um remédio que tranquilizasse seu irmão adoentado e saiu para pescar no rio, um dos seus passatempos prediletos. Depois de se divertir algumas horas com a pescaria, resolveu deitar debaixo de uma das árvores e acabou rendendo-se ao sono. Em pouco tempo estava sonhando com sua mãe.

No sonho, Jupiara via Iara ao lado de um velho índio que, de braços abertos, lhe dizia:

– Jupiara, não deixe seu coração ser tomado pela maldade! Tudo o que se passou com sua mãe precisava ter acontecido, pois nem uma folha cai da árvore se Tupã não permitir. Você precisa abrir o coração para entender e aceitar isto. Não existe nem existiu injustiça. Você está vendo Iara aqui do meu lado, ela está bem e forte. Você é pequena, mas tem conhecimento e bondade dentro do coração; não se deixe nunca levar pela energia dos outros!

– Quem é você?

– Minha filha, escute de coração aberto o que ele está lhe dizendo, porque a ele interessa a sua felicidade. Ele lhe quer tão bem quanto ao seu pai. Você não está só. Seja forte, mas seja amiga, seja companheira. Auxilie Jupira, mas sempre na bondade e no perdão! – disse Iara olhando para a filha.

Nisto, do cesto que Jupiara colocou ao lado pulou um grande peixe e ela acordou assustada com o barulho e ainda escutando o som das últimas palavras de Iara. Quando viu que tudo estava bem, colocou o peixe na cesta e retornou para a aldeia, pensando no que tinha escutado e visto no seu sonho.

Quando chegou na aldeia, largou o cesto e foi correndo até o pajé contar sobre o sonho e o pedido que havia feito a Jupira:

– E aí, Chaurê, você pode interpretá-lo para mim? E o pedido que fiz, vai dar tudo certo?

– E como você quer acalmar o seu irmão?

– Eu queria dar um remédio de ervas para que ele não gritasse mais e meu pai tivesse um pouco de sossego. Ele também sofre muito gritando dia e noite.

– Se Jupira tem um preparo para isto, vá falar com seu pai e explique a sua intenção para ele; quem sabe ele a ouve.

Jupiara foi então até o cacique e explicou o que ela tinha pensado e pedido para o pajé e para Jupira ajudarem.

– Acho que pode não ser bom para ele, Jupiara; pode acabar trazendo mais sofrimento ainda para ele.

– Não, papai! Se você acha que eu não estou certa, vá perguntar para o pajé; ele pode explicar direito.

Os dois foram até Chaurê e ele falou que não aconteceria nada de ruim. Meio a contragosto desde o início, Hauanã acabou autorizando que o remédio fosse dado ao pequeno, acreditando que talvez as ervas pudessem realmente aliviar o sofrimento dele. Jupira então fez o remédio e a própria Jupiara levava o preparado todos os dias para dar a seu irmão. Jupira orientou que, para fazer efeito, deveria ser dado na medida de uma dose por dia, todos os dias.

Logo que tomou, Tupibachá dormiu profundamente. Sua mãe ficou mais aliviada. Ele dormindo bastante, daria tempo a ela para cuidar um pouco mais de si mesma.

No dia seguinte, depois de dormir uma parte do dia e a noite toda, Tupibachá mal acordou e Jupiara já estava lá na oca com mais uma dose do preparo. E assim se deu por sete dias. Porém, no último dia, o menino não acordava mais e, então, todos se deram conta de que o pequeno tinha morrido de sede e de fome; a erva era muito forte e ele não ficava acordado nem o tempo suficiente para se alimentar.

Quando soube do desencarne do filho, Hauanã mandou que todos saíssem da oca, inclusive a mãe dele, e que tudo fosse queimado. O povo comentava que espíritos ruins rondavam a aldeia e tinham influenciado o espírito de Tupibachá, por isso, o cacique achou por bem destruir as energias ruins com o fogo. Todos os objetos foram queimados junto com a oca, inclusive o corpo do menino.

Hauanã determinou que a mãe dele fosse morar em sua oca, o que despertou ciúme tanto em Jupiara quanto em Jupira. Jupiara foi falar com seu pai sobre o assunto:

– Papai, todas as suas outras esposas não estão contentes com a sua decisão de chamar Cauelevi para morar na oca que foi de mamãe.

Ele resolveu então chamar todas as esposas para esclarecer a história.

– Você sabe o melhor a fazer e se você acha que ela, inclusive, tem direito de usar os pertences de Iara, é porque ela merece.

– Eu também não tenho nada a opor, – completou Luandê – já tenho as coisas que quero e, para mim, é bom que os outros também tenham o que queiram.

– Eu já penso diferente – respondeu categoricamente Embiaté. – Eu dividiria a oca com Cauelevi, se ela quisesse. Não acho certo, só porque morreu o seu filho, ficar sozinha na oca com você. Para que eu concorde em ela morar com você, terá de morar um dia com cada uma de nós.

A primeira esposa, Cojupauí, que ouvia tudo meio cabisbaixa, resolveu emitir sua opinião:

– Eu fico triste de saber que, entre nós, existe uma que merece mais do que as outras. Eu também gostaria muito de ter isso que foi oferecido para Cauelevi, mas se não tenho merecimento, vou respeitar a sua vontade. E você pode sempre contar comigo.

Depois da fala de todas as outras esposas, foi a vez da própria Cauelevi, que era o centro das discussões, dizer o que pensava de tudo aquilo:

– O que eu vejo, Hauanã, é que tudo o que me prendia à tribo era meu filho. Porque o seu amor nunca tive. É muito sofrido para mim que minha irmã Itarim tenha sido afastada da tribo. O que mais quero neste momento é me afastar da aldeia; quero ir embora daqui e levar comigo Cauendê, o filho de minha irmã!

– Isto não, Cauelevi; você tem o direito de ir, se quiser, mas o pequeno fica comigo, como foi determinado há muito tempo quando você foi embora da outra vez.

– Você não quer ficar em nossa tribo – interrompeu Hauanã – mesmo com tudo o que lhe ofereci: minha oca e tudo o que tenho? Por que você vai embora? Lá fora você não tem nada do que possui aqui. Você fica em minha oca e eu deixo Cauendê morando com você, sob seus cuidados.

– Hauanã, você não está sendo justo comigo. Este pequeno é como se fosse meu filho e me afeiçoei muito a ele. Enquanto não tinha quem cuidasse dele, eu servi para isso. Agora, para agradar Cauelevi, você quer tirá-lo dos meus cuidados? – advertiu Luandê.

– Acho que você pode entender meus motivos, Luandê! Mas para que não fique longe dele, ele fica durante o dia em minha oca sob os cuidados de Cauelevi e durante a noite você continua cuidando dele.

Embiaté abraçou Luandê e tentou confortá-la:

– Assim vai ser melhor! Deixe que ele fique um tempo com ela, pelo menos até que ela supere a perda de Tupibachá.

– Então, Hauanã, Embiaté tem razão? É só um tempo?

– Sim.

– Se for assim, então eu aceito.

As coisas foram organizadas de forma que Cauelevi ficasse na tribo. Seria muito ruim para os Comanches se uma das esposas do cacique fosse embora. Muita coisa foi oferecida a ela, porque estava claro que ela não queria continuar convivendo ali. De todas as esposas, ela era a mais privilegiada em termos materiais. Apesar de tudo, em um dia em que Hauanã reuniu seus pequenos para caçar, Cauelevi foi embora sem dizer nada a ninguém, deixando seu sobrinho.

A Serviço do Bem

Depois que Cauelevi partiu, tudo ficou ainda mais difícil para Hauanã. Boa parte da tribo já não o via com a mesma admiração. Falava-se que um guerreiro que não conseguia fazer valer sua vontade com sua mulher não conseguiria guiar sua tribo.

Hauanã buscou auxílio com o pajé dos Tupinambás. Havia procurado Chaurê, mas o pajé comanche já estava muito debilitado.

Vendo que Hauanã se ausentara da tribo, Haraiã procurou reunir quem ele sabia querer não só o bem para tribo mas também o melhor para o cacique. Ele era o melhor amigo de Iara e tinha prometido que faria o melhor para sua família e para seu povo. Chamou Chauendê, Joropê e Tupiauranã.

– Meus amigos, nosso amigo Hauanã passa por difíceis momentos. Além de sofrer a perda de seu filho, o desaparecimento de uma das suas mulheres, a doença do pajé, que para ele é como um pai, existe uma revolta entre os índios que o acusam de omissão e abandono da tribo.

– Cojupauí disse-me – falou Joropê – que ele tem se alimentado pouco e, quando está só, chora muito, pedindo auxílio aos deuses para continuar.

– Na noite passada minha irmã falou-me que há murmúrios entre nosso povo de que Jupiara trocava o remédio do menino por ervas malditas.

– Eu não posso acreditar nisso – falou surpreso Haraiã. – Jupiara é uma menina de coração puro que só quer a felicidade do pai. É uma injustiça até mesmo com Iara, que, sabemos, jamais permitiria que sua pequena fizesse uma coisa desta.

– Você fala como se Iara estivesse entre nós!

– Pois saiba, Chauendê, que a morte é do corpo e não do espírito. Somente o corpo de Iara cumpriu sua missão, mas seu espírito está por toda nossa tribo tentando auxiliar como sempre.

– Para mim, o que Tupiauranã diz não causa nenhum espanto. Venho observando Jupiara e vejo o quanto ela mudou. Nos seus olhos não brilham a pureza ou a inocência de uma menina, mas sim o orgulho, o egoísmo e a prepotência, desvalorizando sempre o que vem de seus irmãos. Isto é sinal de perigo, pois quando esses três sentimentos se unem em uma pessoa, transformam-se em poder e crueldade, destroem tudo e todos que se colocarem em seu caminho.

– Você está sendo duro demais! Ela é só uma criança, e depois estamos aqui para ajudar Hauanã e não para julgarmos Jupiara – falou Joropê, tentando mudar o rumo da conversa.

– Tupiauranã, você que tem mais contato com as mulheres de Hauanã pode imaginar para onde Cauelevi possa ter ido?

– Deve ter ido procurar Itarim.

– Mas, nesse caso, por que não levou Cauandê com ela?

– Isso traria problemas com Luandê, que poderia impedir-lhe a fuga, por isso preferiu ir só.

– Haraiã, você sabe como podemos encontrá-la?

– Joropê, não temos de encontrá-la, mesmo porque, pelos costumes de nosso povo, ela não seria aceita.

– Mesmo sendo mulher do cacique?

– Hauanã jamais aceitaria que o tratassem com diferença; ele mesmo diz que somos irmãos com afazeres diferentes, por isso as regras a cumprir são as mesmas – falou Chauendê, triste por lembrar o quanto seu amigo deveria estar só naquele momento.

– O único modo que vejo de ajudá-lo é ficarmos atentos. Todas as vezes que escutarmos qualquer tipo de comentário que possa trazer revolta à tribo e sofrimento a Hauanã, faremos com que essas pessoas vejam o quanto estão erradas em condenar uma pessoa que só deseja que o amor e a liberdade prevaleçam.

– Esta pode ser uma das poucas alternativas que temos a serviço do bem comum – disse Joropê, confiante.

– Se todos concordam, a partir de hoje nos encontraremos a cada lua nova para saber se o resultado está sendo positivo e se existe algum outro problema que podemos resolver sem recorrer a Hauanã – falou Haraiã, confiante.

Todos concordaram, e cada um foi para sua oca fazendo, a seu modo, invocações aos guardiões, pedindo força e proteção para si e para toda tribo.

A Descoberta

Decidido a buscar amparo junto aos amigos Tupinambás, Hauanã caminhou um dia e uma noite até chegar à aldeia amiga. Na chegada avistou o cacique e pediu autorização para se aconselhar com o pajé e contou tudo o que estava se passando. O velho xamã escutou o cacique comanche pacientemente e, ao final do relato de sofrimento de Hauanã, concentrou-se e invocou o auxílio de seu Guardião. Sob a influência do Espírito protetor, falou:

– Sua tribo foi banhada em muito sofrimento e ele ainda não acabou. Não tarda muito e haverá um tempo com mais moléstias, tristezas e desavenças. Você terá de ter ainda mais paciência com todo o povo, porque eles vão precisar muito de sua sabedoria!

O cacique escutava em silêncio a fala do Guardião e sua fronte ia se modificando com o peso daquelas palavras. Seu coração sabia que as revelações eram verdadeiras. Cabisbaixo, Hauanã preferia não escutar aquilo, mas no seu íntimo sabia que os deuses estavam permitindo que ele fosse alertado para que pudesse se preparar para os tempos de tormenta. Enquanto meditava naquelas palavras, o Guardião que falava por meio do pajé também permaneceu em silêncio, como que dando tempo para que ele pudesse entender a gravidade daquelas revelações. Em seguida, continuou:

– Você deverá auxiliar o pajé. Ele está velho demais e vai precisar que você esteja atento, pois não pode mais cuidar espiritualmente da tribo como o fez por mais de um século. Você pensa que essa tarefa deveria ser de Jupira, mas, ao contrário, deve colocar guerreiros para vigiá-la, pois muita tristeza acabará vindo por causa dela. Sei que seu coração preferia não escutar isto e poder continuar confiando em quem sempre confiou. Infelizmente você terá de admitir que não é assim e deve passar a acreditar apenas em quem realmente é digno deste seu sentimento. Algumas pessoas que estão próximas a você ainda vão traí-lo e isso irá magoá-lo profundamente; poderá até mesmo ser pior do que a própria morte para você.

– Nobre Guardião, gostaria que você me revelasse então quem é este povo.

– Não tenho permissão para lhe revelar. A sua missão é ficar de olhos bem abertos, procurando estar sempre atento e vigilante a fim de saber de onde vem a traição. Você deve ter muita paciência e resignação, porque tudo o que tiver que ser será, mesmo que tente impedir. Não esmoreça e confie em Tupã!

Hauanã compreendeu que o Guardião do xamã Tupinambá não poderia realmente revelar-lhe mais detalhes do seu difícil futuro. Ao mesmo tempo em que sabia ser preciso paciência e resignação para enfrentar o destino, o cacique também sentiu em seu corpo e em seu espírito todo o peso do sofrimento e da angústia. Quase que balbuciando, olhou para o pajé em transe mediúnico e disse à entidade que o estava auxiliando:

– Nobre Guardião, às vezes parece que vou desesperar. Há tempos não consigo descansar direito o meu corpo, e a tranquilidade há muito não visita mais a minha oca.

As palavras do cacique soaram como um verdadeiro pedido de socorro. Em seguida, o velho xamã preparou algumas ervas e mandou que Hauanã se banhasse com elas. Foi feita também uma comida para que ele se fortificasse. Após o banho e a alimentação, ele foi levado para a oca do pajé e deitado em uma tarimba. Minutos após, o xamã voltou com três fortes guerreiros tupinambás e mais duas índias anciãs. O curandeiro mandou que ele fechasse os olhos e os cinco índios iniciaram o ritual de uma antiga tradição, que consistia em estender as mãos sobre o corpo para que uma energia benfazeja pudesse passar para o doente. Enquanto os auxiliares do pajé faziam a imposição das mãos, ele começava a realizar uma dança ritualística em torno da tarimba, cantando e falando em uma língua estranha.

À medida que o ritual ia acontecendo, Hauanã foi sentindo seus olhos pesados e ficou adormecido, mas parecia estar em vigília. Aos poucos o cacique foi se sentindo como que saindo do seu próprio corpo e, em instantes, estava pairando acima da tarimba. Via com clareza tanto o seu corpo deitado quanto os auxiliares do pajé e o mesmo.

De repente, sentiu seu Espírito sendo atraído para longe daquele lugar e foi levado para a presença da sua mãe e de seu pai; ele se via como quando criança. Seu pai lhe disse:

– Tenha força, meu filho; nenhum sofrimento terreno pode turvar seu espírito.

Hauanã se sentia uma criança amparada pelos pais e seus olhos encheram-se de lágrimas quando escutou novamente a voz de sua mãe:

– Lembre-se sempre, filho estimado, daqueles que dependem de você hoje; muitos são aqueles dos quais um dia você mesmo dependeu. Eles vão precisar muito do seu auxílio. Também nunca abandone Jupiara, pois ela vai precisar muito do seu amor de pai.

Chorando muito, olhou para a direção de seu velho pai e balbuciou:

– Eu não queria passar por isso!

O pai completou:

– Você quis sim, meu filho; você mesmo escolheu as provas que agora está passando. Resigne-se e viva tudo o que a vida tem para oferecer. Hoje você não tem mais o direito de fugir, porque já fugiu de seus compromissos em um tempo muito distante, e é por isso que agora precisa resgatar esse passado, enfrentando e auxiliando todas aquelas pessoas. Meu filho, nada é injustiça no seu caminho, apenas oportunidades de aprender e resolver aquilo que não foi resolvido quando deveria. Tudo o que está vivendo, por mais sofrido que seja, foi você mesmo que escolheu. Então saiba viver para poder aprender!

– Meu filho – falou novamente a mãe de Hauanã –, há uma pessoa que quer muito te ver e te falar.

– É Iara? – questionou o cacique.

– Não, mas eu vou te mostrar quem é.

Enquanto caminhava com sua mãe por aquela terra estranha, o cacique não conseguia ver nada. Só conseguiu divisar alguma coisa quando eles chegaram. Ficou espantado quando via a mesma mulher que estava deitada na tarimba e que ele tinha visto no sonho com Iara. A mãe de Hauanã dirigiu-se à mulher e lhe falou:

– Você está vendo, Cândida, como ele está fraco? Ele precisa muito de auxílio e só você pode ajudá-lo de verdade. Fortaleça-se. Esqueça-se das suas dificuldades.Vê como ele está?

– Mãe, quem é esta mulher que você chama de Cândida, dizendo que deve me ajudar? Eu a conheço? É tudo muito estranho, mas eu gosto de ficar na presença dela.

– Ela é uma amiga; e, um dia, você vai entender por que ela mexe com você – disse sua mãe.

Nisto, a mulher levantou da cama e abraçou Hauanã com muito carinho; das mãos e da testa dela saíam uma luz rosa que penetrou no coração dele. O cacique se viu crescendo e se tornando adulto novamente. Logo abriu os olhos e enxergou mais uma vez seu corpo, deitado, com os guerreiros à sua volta.

Hauanã olhou para o pajé e perguntou o que havia acontecido:

– Guarda o que você viu e ouviu e não queira saber de tudo, pois as coisas vão se encaixando com o tempo. Leve isto como um remédio que Tupã mandou para acalentar e acalmar seu espírito sofrido e controle as emoções. Cuide do corpo físico, pois seu povo vai precisar do seu equilíbrio.

A Mudança de Hauanã

Quando Hauanã chegou à tribo, o clima não era dos melhores. Algumas pessoas estavam revoltadas com ele, outros com Jupira. E havia também quem achasse que coisas ruins aconteciam porque Iara estava se vingando por meio de sua filha; pensavam que, por isso, o cacique tinha praticamente abandonado a aldeia.

Ao chegar, o cacique pôde constatar que, diferentemente de todas as outras vezes que ele se ausentara, o povo não estava feliz. O consolo dele era acreditar que, embora houvesse muita gente revoltada, a maioria ainda era de amigos e de pessoas que acreditavam nele.

Pouco tempo após sua chegada, Hauanã foi procurado por Chauendê, que buscou relatar-lhe o que estava havendo. Após escutar atentamente o breve relato, falou ao amigo:

– Eu entendo a gravidade do que você está me falando, mas não podemos perder nossa fé nos desígnios divinos. Tudo está nas mãos de Tupã e, apesar de tudo, o melhor vai acontecer.

– Meu amigo, eu não perdi a fé nos deuses e no Grande Espírito, mas preciso voltar ao assunto que lhe traz muito sofrimento. Você precisa deter sua filha; ela não é tão pura quanto faz questão de acreditar!

– Eu não quero ouvir novamente isto da sua boca. Você, além de grande guerreiro, é um dos meus melhores amigos.

– Eu vou respeitar sua decisão, Hauanã, como sempre tenho feito ao longo desses anos nos quais acompanho o seu sofrimento. Permita-me apenas uma sugestão: procure o pajé; com sua sabedoria xamânica aperfeiçoada por um século, com certeza terá uma boa palavra para orientá-lo neste momento tão difícil.

Assentindo com a cabeça, o cacique retirou-se e rumou pesaroso para a tenda do velho Chaurê. Quando adentrou, viu Jupira abraçada com ele. Ao ver Hauanã, Jupira foi logo reclamando:

– Os deuses estão se voltando contra nós dois! Há muita gente na tribo que não acredita mais em você, nem em mim. Quem sabe este não é o momento para que nós unamos nossas forças como homem e mulher; isto iria mostrar-lhes que queremos o bem de todos!

– Jupira, já lhe disse milhares de vezes que isto não pode acontecer. Eu a vejo e sempre a vi: como se fosse um sangue meu, senão na matéria, com certeza no espírito. Isto não pode acontecer e, ademais, tudo o que quero neste momento é cuidar dos meus filhos e comandar a tribo. A única mulher que foi minha de verdade já partiu faz muito tempo!

– Você pode me dizer isso quantas vezes quiser, mas tenho certeza de que um dia isso vai mudar. Nesse dia, você vai me procurar e eu estarei esperando-o de braços abertos.

Diante da verdadeira obsessão de Jupira, o cacique achou melhor não continuar a conversa e simplesmente baixou a cabeça. Ela entendeu que ele precisava ficar sozinho com seu pai. Tão logo Jupira se retirou da oca, Hauanã ajoelhou-se ao lado da tarimba do velho pajé e, já com os olhos mareados pela emoção, perguntou o que deveria fazer para retomar o controle da tribo.

Chaurê, com sua voz grave e penetrante, falou pausadamente:

– Filho, entendo todo o sofrimento pelo qual está passando. Eu também tenho o coração apertado por ver tanto pesar em você e em todos os Comanches. Sei que é difícil dirigir toda a tribo sozinho. Até hoje administrou a tribo mediante o meu auxílio constante. Agora, contudo, estou debilitado, velho e apenas espero o chamado dos deuses. Por isso você se sente sozinho, perdido, sem saber quais as atitudes certas a tomar. Eu preciso confessar, Hauanã, que nunca lhe ensinei a ser cacique de verdade. Eu lhe ensinei a obedecer, mas não a mandar.

Amargurado com as palavras daquele que sempre considerou como um pai espiritual e da tribo, as feições de Hauanã se transfiguraram, deixando claro sua contrariedade com aquela revelação:

– Por que, então, você não continua? Se foi o senhor que sempre mandou na tribo, continue a fazê-lo agora!

– Desculpe-me, meu filho! Eu tenho consciência do meu erro e de que, mesmo que quisesse, não poderia mais manter esta situação. Você deve fazer o que estiver ao seu alcance, pois já estou velho e cansado e não tarda vir o chamado para prestar conta aos deuses. Além do mais, dependo hoje da sua misericórdia, pois não tenho mais como sobreviver sozinho nestes meus últimos dias.

– Eu já sei o que vou fazer! – falou Hauanã ríspidamente, ao mesmo tempo em que se levantou e dirigiu-se incontinente para a saída.

– Espere, Hauanã, volte aqui!

O cacique olhou para trás e, sem atender ao pedido do pajé, falou sem pestanejar:

– Agora será do meu jeito! – e saiu da oca do pajé.

Ao encontrar o primeiro guerreiro, ordenou que fossem chamados todos do Conselho. Em instantes, todos os conselheiros estavam reunidos à volta do cacique, que não disse uma única palavra enquanto todos não chegassem e, com expressão carregada, apenas fazia leve sinal de cabeça ao ser cumprimentado. Com a chegada do último guerreiro, iniciou sua fala:

– De agora em diante, vou mudar meu procedimento na condução de nossa tribo. Tudo vai ser do meu jeito! Sou o cacique dos Comanches e todo o povo espera que eu oriente os destinos da tribo, e é exatamente o que vou fazer. Nada pode acontecer antes que eu saiba, isto é, ninguém na tribo, nem os conselheiros, têm permissão para tomar nenhuma decisão sem que eu saiba antes.

Acabada a fala inicial de Hauanã, houve um grande burburinho entre os guerreiros do Conselho. Alguns não acreditavam no que estavam ouvindo, pois não parecia o mesmo cacique; outros discordavam da forma com que ele estava querendo conduzir a tribo, com verdadeira mão de ferro.

Após a confusão inicial, um dos guerreiros teve coragem de tomar a palavra e expressou o desconforto que tomava conta dos conselheiros Comanches:

– Hauanã, nós o respeitamos como nosso líder e nosso guia, mas as coisas não podem ser dessa forma que você está colocando.

Hauanã escutou sem mover um músculo da face e, decidido a levar até o fim o que estava em sua mente, respondeu com firmeza:

– Muita coisa que não podia acontecer em nossa tribo acabou acontecendo. Eu, como cacique, sempre procurei entender todas as pessoas. Apesar disso, agora tem um povo que está se voltando contra entes queridos meus e não vou permitir maustratos nem à minha menina nem a nenhuma outra pessoa ligada ao meu coração!

Um silêncio profundo se abateu sobre o Conselho. O tom com que o cacique usava, a expressão carregada de sua face sofrida faziam com que suas palavras soassem como um verdadeiro grito de guerra. Em instantes, ele voltou a falar:

– Se eu sou cacique, porque assim fui escolhido pelos deuses, vocês são guerreiros e devem saber ocupar o seu papel. Quem não quiser se ater aos nossos costumes, às nossas leis e às tradições de nossos antepassados que viveram nas terras do Norte, tem total liberdade para ir embora!

Agora já não havia dúvida, quem falava ali no Conselho não era o Hauanã de sempre. Ficou claro para todos que algo havia mudado no espírito do cacique e que, dali para a frente, muita coisa seria diferente.

– Tupiauranã, vá convocar toda a tribo, guerreiros, mulheres, velhos e crianças, que eu quero lhes falar – ordenou Hauanã, quebrando mais uma vez o silêncio.

Quando toda a tribo estava reunida, o cacique repetiu o mesmo que havia falado ao Conselho. Muitos também não gostaram do que estavam ouvindo. Por outro lado, algumas pessoas que estavam contra ele, e achavam que ele nunca havia realmente tomado as rédeas da tribo, gostaram do discurso.

Ninguém falou uma palavra, pois todos perceberam a gravidade do momento e ninguém ousou desafiar o cacique, mesmo aqueles que, no fundo, discordavam de tudo aquilo. Os únicos que não saíram foram os filhos e as esposas dele, que se aproximaram para conversar em particular. O primeiro a falar foi seu filho Tupiaurê:

– Por quê você está fazendo assim? O que está acontecendo?

– Você não está acompanhando o que o povo anda dizendo que vai fazer?

– Se o povo fala, é porque tem razão – falou Embiaté. – Eu há muito tempo percebi maldade nos olhos de Jupiara.

– Chega! Fique calada! Retire-se imediatamente para sua oca. Você não tem permissão para sair de lá sem minha ordem. Quando eu quiser falar com você ou escutar sua opinião, eu a procuro.

Dirigindo-se a Tupiauranã, ordenou:

– Conduza Embiaté até a oca e cuide para que ela não se ausente de lá.

– Você não pode fazer isto comigo!

– Posso fazer isto com qualquer pessoa que desafiar a minha autoridade!

– Papai – interrompeu Hauritá –, você está certo em querer proteger a nós e a toda a tribo e, para isto, fazer valer a sua vontade de cacique. Mas não deixe o poder falar mais alto, porque foi exatamente contra isto que o senhor lutou toda sua vida!

– Não quero mais saber o que o povo pensa sobre isto ou aquilo. Durante toda a minha vida eu sempre quis entender as pessoas, mas não fui compreendido. Agora vou fazer do meu jeito, mesmo que eu esteja errado.

Tendo em vista que Embiaté já havia sido levada por Tupiauranã para sua oca, Hauanã dirigiu-se para as outras três esposas:

– Daqui para a frente, todas vocês irão obedecer às minhas ordens! Também devem ficar dentro de suas ocas e só deverão sair com minha permissão. Cada dia uma de vocês vai para minha oca e também todos os meu filhos vão ficar comigo. Em poucos dias, meus quatro primeiros filhos vão para a mata caçar e um deles será escolhido o novo cacique.

– Não pode ser – manifestou-se Jupiara, que até então havia ficado calada em um canto, observando tudo –, pois você tem outros filhos e nós também temos o direito de ser escolhidos como cacique!

– Fique calada você também! Se eu digo que eles é que vão, assim será feito. Eu não vou aceitar opinião de ninguém sobre minhas decisões, nem de você, que é minha filha!

– Você vai se arrepender; minha mãe me protege e ela não vai gostar do jeito que está falando! Ela vai mandar uma maldição sobre a tribo e nada mais vai dar certo!

– Eu já mandei você se calar!

– Eu não vou me calar! Você me ensinou que só cala o covarde; se a gente tem razão, deve fazer valer a verdade. Eu posso não ter a idade dos meus irmãos, mas tenho o que eles não têm – coragem e sede de justiça!

– Fique calma, Jupiara – tentou amenizar Hauritá –, tudo tem seu tempo. Se nosso pai quer assim, vamos obedecer, é o melhor a fazer. Ele sabe o que é bom para a tribo e para nós.

– Pode saber o que é melhor para você, mas não para mim. Quem sabe o melhor para mim, sou eu mesma!

Nisto, o filho de Italonã, Capauasul, que havia apenas escutado a conversa, resolveu falar:

– Pai, por que você não permitiu que eu e Jupiara pudéssemos acompanhar nossos irmãos? Seria melhor, pois ela não ficaria assim brava e você não ficaria triste pelo que ela está dizendo.

– Meu filho, eu agradeço a você, pois vejo que nos seus olhos existe bondade e não ganância pelo poder, mas já está decidido – você e ela não vão para a mata.

– Para mim, está bom assim. Você sabe o que é melhor – e dizendo isto se retirou, assim como todos os demais.

Aquele tinha sido um dos dias mais difíceis da vida de Hauanã, e às vezes ele mesmo não se reconhecia em suas palavras e atitudes.

No início da noite, quando a Lua subiu no céu das terras brasileiras e começou a iluminar o território comanche, o cacique retirou-se para sua tenda e mandou chamar Luandê.

Ao saber que o cacique queria falar com ela, Luandê ficou apreensiva. Ele havia mudado tanto nas últimas horas que ela não sabia o que esperar. Em um misto de medo e curiosidade, chegou à entrada da oca e perguntou se podia entrar.

– É claro que pode, não fui eu quem a chamou? – ao responder, mandou também que todos os filhos que estavam na oca saíssem.

– O que você quer de mim, Hauanã? O que aconteceu dessa vez?

– Eu quero uma coisa que, neste momento, apenas você pode me dar.

Ela olhou para aquele cacique e amigo que não conseguia reconhecer direito e, assustada, perguntou:

– Mas como assim? Desde o dia do nosso casamento, você sempre entendeu os meus sentimentos. Por que vai querer fazer isto agora?

– Se sempre a entendi, agora peço que você me entenda. Permita que eu deite minha cabeça cansada em seu colo e seja amparado e protegido por todos os deuses que a protegem. Eu não sei mais o que fazer.

– Hauanã, você me assustou! Ultimamente não o estou reconhecendo. Você tem feito tantas coisas que eu poderia dizer não é você. Agora, por exemplo, imaginei que queria deitar comigo, desrespeitando o sentimento mais nobre que existe em meu coração.

– Você se enganou, Luandê! Eu não mudei tanto assim. É exatamente por não querer me deitar que eu a chamei até aqui. Só quero o seu auxílio e sei que você não exige coisas de mim. Você é a única das esposas que me entende de verdade, e assim como eu respeito os seus sentimentos, você respeita os meus – falando isto, os olhos de Hauanã se encheram de lágrimas.

Nesse momento, ele não era mais o grande cacique que tinha a difícil tarefa de conduzir seu povo em uma terra estranha, mas apenas uma criancinha precisando de carinho e colo.

– A única coisa que quero de você é a sua compreensão. Por favor, Luandê, me auxilie. Não precisa nem falar nada. Permita apenas que eu coloque minha cabeça em seu colo e adormeça sob a proteção do seu guardião.

Naquela noite, Hauanã não dormiu tranquilamente. Teve pesadelos em que via sua tribo pegando fogo e todos seus amigos riam muito de seu desespero. Deu um salto e acordou Luandê, que, assustada ao perceber que o cacique suava, perguntou:

– Hauanã, o que está acontecendo?

– Eu não sei, tive um pesadelo, vi toda a tribo em chamas e todo o povo ria, enquanto eu sofria.

– Isso é porque você está se sentindo sozinho e injustiçado e seus pensamentos estão diretamente ligados aos problemas da tribo.

– Pode ser, mas depois que conversei com meu amigo Tupinambá foi como se um véu de fumaça que me impedia de ver o mal nas pessoas fosse retirado e agora não consigo mais acreditar no que me dizem. Suas bocas me falam de mel, mas seus corações exalam o mais terrível do fel.

– Meu caro amigo, você é quem está amargo feito fel, afastando todos aqueles que lhe querem bem. Fala que todos estão contra você enquanto, na verdade, é você que está contra si próprio. Depois que Iara morreu, tudo ficou mais difícil; o que parece é que uma parte sua foi junto com ela.

– Luandê, é justamente isso que aconteceu, pois me sinto pela metade. Muitos dos meus dias depois da partida de Iara foram de tristeza, de lágrimas na beira do rio, onde sinto a força e a energia dela novamente junto de meu ser.

– Mas, Hauanã, Iara partiu e foi ter com os deuses há muito tempo, você precisa se conformar. E depois, ela deixou Jupiara para que você cuidasse e fizesse com que ela se transformasse em uma filha tão querida quanto Iara era para toda a tribo.

– Mas eu jamais conseguiria! Jupiara precisa de uma mãe! Se pelo menos minha mãe estivesse aqui entre nós, Jupiara teria uma mulher que dedicaria a ela seu tempo e seus ensinamentos femininos. Sempre pensei que meu amor bastaria, mas hoje vejo o quanto isto fez falta. Ela se tornou dura feita um guerreiro e muito amor tem para me dedicar somente. Em toda sua vida eu sempre deixei claro que ela sempre seria dona dos meus passos e pensamentos.

– Você não pode se culpar desse jeito!

– Esta é a pura verdade! Hoje ela tenta ser para mim o que eu sempre fui para ela, e por este motivo existe muita gente contra minha pequena, dizendo que ela é o oposto de Iara e que em seus olhos só veem ganância e arrogância.

– Mas isto é uma mentira! Jupiara ainda é uma menina que quer dar alegria ao seu pai e não aceita que ninguém o faça sofrer; e nisto ela é muito parecida com você, porque sofre calada para lhe poupar de dores desnecessárias. Para mim, ser assim não é ruim.

– Eu sei que você quer me ajudar e a agradeço por isso, mas preciso prestar mais atenção em Jupiara E, por falar nisso, vou ver se já acordou para pescarmos e conversarmos.

– Tenha um bom dia, meu amigo, e pense no que falamos. Veja Jupiara como uma menina que quer somente sua atenção.

O dia amanheceu por entre nuvens, como se toda a natureza soubesse que as coisas na tribo não iam muito bem. Todos estavam preocupados com a mudança de Hauanã.

Tupiauranã fora até a oca de Hauanã querendo saber o que tinha se passado naquela noite. Depois de Luandê relatar os fatos, ele sentou ao chão passando a mão por entre os cabelos e disse:

– Esta noite não consegui conciliar o sono. Estava preocupado com você e preocupado que Embiaté pudesse fugir assim como Cauelevi, que se foi, causando mais problemas para Hauanã.

– Não se preocupes comigo, meu querido, pois estou bem protegida. Procure estar sempre atento aos passos de Jupira e Jupiara. Estas sim me causam preocupação. Jupiara por estar sendo alvo de calúnia e difamação, e Jupira por não pensar outra coisa senão no amor de Hauanã. Como não é correspondida, é uma mulher mal-amada e capaz de qualquer coisa para conseguir seu intento.

– Pode deixar, estarei atento.

Nisso Rananchauê chega na oca correndo.

– Mamãe, Embiaté a chama e disse para que vá rápido porque ela está passando mal.

– O que aconteceu? Por que chora? Vou chamar Jupira para que a ajude.

– Não, por favor não. Eu a chamei aqui para saber o que aconteceu esta noite? Por que Hauanã fez isto comigo?

– Calma, Embiaté, não aconteceu nada. Você sabe que eu e Hauanã somos bons amigos e que nunca vai acontecer nada entre nós.

– Ele me castigou por nada. Eu só queria ajudá-lo.

– Hauanã está muito confuso e triste com tudo que está acontecendo. Tenha paciência e não se maltrate dessa forma. Levante dessa tarimba; vamos comer alguma coisa e depois seguimos até a floresta para buscar corantes para a pintura de nossos guerreiros; o dia deles irem para a caçada se aproxima e precisam estar muito bem protegidos.

E assim fizeram.

Passado algum tempo, chegou o dia da caçada. Hauanã chamou seus filhos para lhes desejar sorte. Capauasul e Jupiara estavam entre eles e ouviram quando o pai disse:

– Aquele que trouxer o maior bicho será dado como cacique responsável pelo comando da tribo sob as minhas ordens.

Quando Jupiara ia falar, Hauanã interferiu:

– Já foi dito todo o necessário. Que Tupã permita aos deuses do fogo, da mata, da água e do ar proteger a todos.

Enquanto os tambores batiam, os já consagrados guerreiros faziam a dança da caça, e os quatro filhos de Hauanã se embrenhavam na mata, com esperança de serem vencedores no seu destino.

O Novo Cacique

No fim daquele dia, Tupiaurê chegou com uma jaguatirica sobre os ombros e foi recebido como grande guerreiro. Mais tarde chega Haurendê com três lebres e trazendo seu irmão mais novo que tinha se ferido na caçada. Somente à noite, Rananchauê chegou com uma onça em uma padiola e foi aclamado como grande guerreiro e denominado cacique sob as ordens de Hauanã. Essa notícia não foi recebida com muito agrado pelos membros do Conselho. E, a partir de então, muita coisa mudou na tribo.

Os três filhos do cacique puderam se casar. Marcaram tudo para o mesmo dia. Tupiaurê pôde desposar Vainté, Haurendê desposou Suapó e Rananchauê ficou com Itajuá.

Foi uma cerimônia muito bonita, em que Hauanã, ao lado de Jupira, ofereceu agrados aos deuses para que os casais tivessem prosperidade, harmonia, fartura e fertilidade, e nada lhes faltasse, e que os costumes de seus antepassados prevalecessem sempre em sua união.

Já se passava algum tempo da união dos guerreiros quando o velho Chaurê chamou Jupira e falou-lhe:

– Minha filha, ordene que os três melhores guerreiros subam até a mais alta colina destas matas e fiquem lá até encontrarem o ninho do grande gavião branco. Eles devem me trazer os ovos que encontrarem, enquanto você vai até a mata para buscar a casca do jequitibá e as folhas da carnaúba. Prepare para mim um cozido de tudo, que renovará minhas forças.

Jupira, que admirava e respeitava seu pai e guru, correu para providenciar tudo conforme a vontade dele. Algum tempo depois de receberem as ordens de Jupira, os guerreiros já estavam de volta.

Então Chaurê chamou Hauanã e pediu que ele orientasse o povo a ficar em oração, para que Jupira tivesse êxito em sua pajelança. E assim foi feito. Todos admiravam e respeitavam o velho pajé e fariam o possível para ajudar a colocá-lo novamente em pé.

Preparado o cozido, existia todo um ritual até que o pajé o ingerisse. Aos poucos, ele foi se regenerando até que pôde caminhar com ajuda de um cajado. Foi uma grande festa na tribo. Era sinal de bons tempos e tudo indicava que os deuses estavam felizes com seu povo.

Naqueles anos tudo estava em ordem: havia sol e chuva na medida certa, as plantações vingavam e a caça era suficiente para saciar a fome de todo o povo.

E foi em um amanhecer de outono que Tupiaurê anunciou que sua mulher teria um filho. A notícia foi de grande alegria para todo o povo, menos para Jupiara. Jupira lhe disse que, se viesse uma menina, Hauanã não teria mais olhos para ela por já estar muito crescida. Era tempo de exigir seus direitos e se transformar em uma guerreira antes que essa criança nascesse.

Jupiara correu ao encontro de Hauanã para exigir seus direitos. Chegando lá o encontrou falando com seu irmão. Sem que eles vissem, abaixou-se para ouvir o que diziam.

– Meu pai, não diga isto.

– Mas é assim que sinto. Você é meu filho primogênito e Rananchauê está ocupando o lugar de cacique, mas sabemos que ele não conseguiria sozinho. Você, meu filho, precisa olhar por todo o povo e em especial por Jupiara, que anda tão distante dos nossos costumes. Ela precisa saber que só poderia ser cacique se fosse única e tivesse uma união com um guerreiro aceito pelo povo.

– Ela nunca aceitará isso.

– Eu sei, mas em uma conversa que tive com Chaurê, ele me disse que você seria o mais indicado para dar essa notícia a ela.

– Ela não me ouvirá.

– Ela o respeita muito e o ouve. Eu não conseguiria ver a tristeza em seus olhos. Você contando, ela terá com quem chorar suas lágrimas.

– Se você diz que posso, vou fazer o melhor.

Marque com ela uma pescaria amanhã e conte na beira do rio. Sei que lá Iara poderá estar presente e o auxiliará.

Ouvindo a conversa pela metade, Jupiara saiu ao encontro de Jupira.

– Eu não disse a você! As coisas estão mais adiantadas do que pensávamos. Tupiaurê não só ficará como cacique, como ainda terá poder de decidir sua vida e a vida de seu pai.

– Isso não vai acontecer, porque eu não vou deixar.

– Conte comigo, menina, pois sabe que a felicidade de seu pai é o meu maior objetivo e, se você se tornar cacique, não terá mais tempo de olhar por seu pai; isto eu farei com todo amor do mundo.

– Grande Jupira, eu vou precisar da ajuda daquele seu amigo, o deus do poder.

– Hoje mesmo, ao anoitecer, vamos para a mata e lá o invocaremos.

E assim fizeram. Jupira pegou tudo que usaria no trabalho e saiu escondida com Jupiara. Chegando em uma clareira, Jupira se concentrou e um minuto depois rodava com uma velocidade que assustou Jupiara.

– Resolveu aceitar minha ajuda?

– Quero pedir-lhe somente que enfraqueça meu irmão, para ele entender que não sou fraca; sou tão capaz quanto qualquer outro guerreiro, e ninguém vai comandar a minha vida.

– Mas para que isso aconteça é preciso que me prometas algo.

– O que quer em troca?

– Nunca falarás a ninguém da minha existência, mesmo que te façam sofrer para que conte.

– Tem a minha palavra.

A criatura começou a girar e dar muitas gargalhadas, até que Jupira caiu.

– Jupira, acorde, acorde!

– O que aconteceu?

– Está tudo bem. Já tenho a ajuda que preciso. Você não precisa mais se preocupar, tudo ficará bem.

– Você tem certeza?

– Sim, já podemos ir e este será um segredo nosso.

As duas juntaram tudo e partiram, cada uma voltada a seus pensamentos. Jupira, exultante, pois enfim teria Hauanã em suas mãos. Jupiara provaria a toda tribo o quanto era capaz.

No dia seguinte, Tupiaurê vai ao encontro de Jupiara e a convidou para pescar.

– Vamos sim, só deixe-me ir ter com papai para falar-lhe de um sonho que tive com minha mãe.

– Está bem. Estarei na minha oca.

Chegando em sua oca, Tupiaurê encontra sua mãe aflita.

– Filho, que bom encontrá-lo. Sonhei com Corondê, dizendo-me que você faria a passagem hoje.

– Mãe, isto é impossível! Hoje não vou para a mata caçar, estou bem de saúde, vou somente me distrair um pouco com Jupiara.

– Cuidado, meu filho.

– Não se preocupe, ficarei bem.

– Tupiaurê, estou pronta, vamos? – disse Jupiara que chegava.

– Vamos sim! Mamãe, não esqueça do pedido de Corondê, está bem?

E saíram os dois abraçados, rindo da preocupação de Cojupauí, que foi para sua oca com seu coração de mãe apertado. Resolveu chamar Tupiauranã para pedir-lhe um chá que a acalmasse. Ele e Chauendê conversavam, quando viram que ela se aproximava.

– O que aconteceu, Cojupauí?

– Chauendê, estou tão angustiada. Tive um sonho com Corondê, que me disse que Tupiaurê iria fazer a passagem no dia de hoje. Acordei muito aflita e fui ter com ele.

– E não o encontrou?

– Encontrei e lhe falei do sonho. Ele riu e disse que era impossível, porque hoje não vai caçar e está bem de saúde.

– Mas se o grande cacique esteve com você, é porque pode acontecer alguma coisa com ele. Seria bom ele se cuidar – disse Tupiauranã, que ouvia a conversa.

– Não se preocupe. Enquanto Tupiauranã vai colher um chá para você, eu vou até a oca dele para dizer que tenha cuidado.

– Não, ele não está na oca. Foi pescar com Jupiara a pedido de Hauanã.

– Então ele corre perigo sim. Vou atrás deles e o trarei de volta. Fique com Tupiauranã; eu o trarei de volta.

– A caminho da pesca, Tupiaurê ficou tonto e sentiu sua vista escurecer; para não cair, teve de se segurar em Jupiara.

– O que você está sentindo?

– Não, não é nada; é só uma leve tontura.

– Vamos sentar um pouco e depois voltaremos para a tribo.

– Não, descansaremos, mas depois vamos pescar.

– Você é quem sabe. O guerreiro é você.

– Já estou bem. Vamos continuar, se não chegaremos muito tarde e os peixes já terão ido embora.

– Então vamos.

Jupiara começou a pensar que seus planos estavam dando certo e, se ele chegasse na tribo nos seus braços, todos reconheceriam seu valor.

Enquanto Tupiaurê não conseguia pensar em outra coisa que não fosse sua mãe chorando, resolveu conversar com Jupiara para distrair seus pensamentos.

– Jupiara, você acredita em sonhos?

– Acredito sim. Hoje sonhei com minha mãe, inclusive. Ela me abraçava e pedia que eu fosse boa com todos da tribo e não só com o papai. Só não entendi por que ela chorava tanto.

– Deve ser de saudade de você.

– É, pode ser. Mas por que está me perguntando isso agora?

– Nada não. Já estamos perto do rio e vamos fazer menos barulho. Lá na outra margem os peixes são maiores. Vamos até lá?

– Iremos pelas pedras ou pelo rio?

– Se você tiver medo de passar pelas pedras, Jupiara, iremos pela água.

– Eu não tenho medo de nada, ouviu bem?

– Está bem, vamos pelas pedras.

Tupiaurê achou graça do jeito destemido de Jupiara, mas não riu porque viu que ela não tinha gostado da brincadeira. E, assim que começaram a subir as pedras, ele deixou que ela subisse na frente. Quando estavam no meio do rochedo, Tupiaurê começou a sentir-se mal, suas vistas se escureceram e ele chamou por Jupiara, que já estava longe. Quando ela olhou, ele já estava pendurado. Aquele era o momento de mostrar quem tinha medo.

– Você não é tão corajoso e forte? Caiu e agora pede ajuda para uma menina medrosa e fraca?

– Jupiara, por favor, não é hora para brincadeira. Eu não me sinto bem; estou perdendo a minha força. Me tire daqui!

– Prometa-me que você dirá a todos que fui eu quem lhe salvou a vida.

– Eu prometo, mas me tire daqui!

Quando Tupiaurê disse isto, suas mãos enfraqueceram e ele perdeu os sentidos. Caiu ribanceira abaixo. Chauendê ia chegando quando viu Tupiaurê caindo e Jupiara olhando sem nada fazer.

Jupiara soltou um grito, mas não pôde mais salvar o seu irmão, que resvalou pelo despenhadeiro e caiu no leito da cachoeira. Imediatamente, ela pegou a trilha que descia o morro para tentar tirá-lo da água, sem perceber que Chauendê observava toda a cena.

Ao chegar na cachoeira, entrou rapidamente. O corpo do irmão estava afundando. Poucos segundos após, Chauendê entrou também na água e ajudou a arrastar Tupiaurê para a beira. Mas já era tarde. Com a queda, ele bateu a cabeça nas pedras ferindo-se muito, por onde saía sangue abundantemente. Ele estava desacordado e em poucos momentos deu seus últimos suspiros. Nisso, Chauendê disse:

– Eu vi tudo o que aconteceu, Jupiara, e toda a tribo também vai saber que foi você que tirou a vida de seu irmão.

– Você está mentindo, Chauendê – gritou histericamente. – Não houve tempo para que eu o salvasse.

– Você não o puxou porque é má! Poderia ter segurado no momento certo. Você não merece ser filha de quem é, nem estar onde está – dizendo isto, pegou seu amigo morto nas costas e rumou para a aldeia. Jupiara o acompanhou.

No caminho, ele falou:

– Desta vez você não vai escapar; eu vi, foi você que tirou a vida de Tupibachá e agora foi a vez de Tupiaurê.

– Não, seu maldito, não fui eu – gritou nervosamente Jupiara saindo para a mata em desabalada correria.

Quando chegou à tribo, Chauendê foi direto até a tenda de Hauanã e colocou o corpo sem vida no chão. Imediatamente foram chamá-lo. Quando ele viu o seu primogênito sem vida, com a cabeça aberta e o sangue lavando todo seu corpo, foi como se um grande buraco se abrisse e sugasse Hauanã.

Em seguida chegou Cojupauí que, quando viu o filho morto, olhou para Hauanã e disse:

– Eu sabia que isto aconteceria um dia. Você foi avisado muitas vezes e não acreditou. Agora a prova esta aí. Nosso filho morto, com tanto que ainda tinha para viver

Nisto, Chauendê, falou:

– Isto é obra de Jupiara!

– Você não tem ideia do que está falando. Eles gostavam muito um do outro. Isto não pode ser verdade. Por que você está falando deste jeito? Você quer acabar de vez com a minha vida? – repondeu Hauanã.

– Por que você não acredita em minhas palavras? Por acaso você já soube que alguma vez eu faltei com a verdade? Você sempre confiou na minha honra. Agora está cego ou faz questão de ficar cego, mesmo vendo seu filho sem vida. Mesmo assim você não acredita.

Cojupauí se desesperou e começou a gritar que havia sido Jupiara a autora de tão horrendo crime. Houve comoção na tribo e muitos diziam que Jupiara deveria ser capturada e pagar pelo que fez, mesmo sendo filha de quem era.

O novo cacique, Rananchauê, tentou acalmar os ânimos:

– Isto não está certo. Jupiara não teria feito isto. Ela deve ser encontrada na mata e trazida até mim, em segurança.

Rananchauê escolheu guerreiros de sua confiança, além de seus irmãos, e mandou que eles não voltassem da mata sem trazer Jupiara sã e salva.

Vainté, mulher de Tupiaurê, não havia dito uma palavra até então. Sua tristeza era tanta que ela estava completamente sem fala. Quando deram conta da sua falta, ela foi encontrada em frente à sua oca, completamente alheia a tudo, como se nada houvesse acontecido. Não adiantava chamá-la, era como se ela não habitasse mais seu corpo. Ela se abaixou em frente à tenda, não atendeu aos que a chamavam, não chorou, não gritou, era só silêncio e insanidade.

Quando os guerreiros já saíam para a mata, Jupiara apareceu e foi direto à presença de Hauanã. Ajoelhou-se e disse:

– Eu sei que estão falando que eu fiz uma coisa horrível, pai. Mas o que eles falam não me importa nem um pouco. A única coisa que me importa é ter certeza de que você não acredita. Quero escutar que você sabe o tamanho do meu amor pelo meu irmão e que eu nunca faria nada para você sofrer deste jeito.

Hauanã olhava sua caçula e pedia aos deuses que suas afirmações fossem verdadeiras, que ela realmente não tivesse sido responsável pela morte do irmão. Durante toda a vida de Jupiara, mesmo com muitos alertas, ele nunca pôde admitir que o fruto de seu único e verdadeiro amor pudesse não ser tão pura quanto a mãe.

– Papai, não é verdade o que Chauendê falou. Eu não fui responsável pela morte de Tupiaurê. Foi apenas um acidente terrível e não tive tempo de salvá-lo, mas era tudo o que eu mais queria. Se você acreditar no que Chauendê falou, nunca mais volto aqui! Se você der ouvido a isto, não tenho mais razão para viver. Eu mesma tiro minha vida.

– Fique tranquila, minha filha, que tudo vai ser resolvido da melhor maneira.

Dias de Grande Tristeza

Os dias que se seguiram foram tristes para toda a aldeia.

No ritual de despedida de Tupiaurê, Hauanã, junto de Chaurê, fizeram uma longa prece pedindo aos deuses que o acompanhassem em sua nova jornada e que aceitasse a vontade de Tupã.

Rogaram ao Alto que transformasse aquela tristeza em auxílio e dedicação a Vainté e ao fruto daquele amor que estava por vir. A esposa, desde o acontecido, não expressava uma só reação; precisava do amor e do carinho de todos.

Cojupauí deu um passo à frente e disse:

— Antes de acontecer o acidente, Corondê me falou em sonho que aquele seria o último dia de Tupiaurê na terra e me pediu para olhar por ela e seu filho como se fossem meus. Por isso, peço permissão para levá-la à minha tenda.

— Se ela aceitar, tens a minha permissão — falou Rananchauê.

— Quando Chaurê fazia o término do ritual, Chauendê perguntou:

— E Jupiara, não será castigada por não ter prestado socorro ao irmão?

— Jupiara não teve culpa. Ela é apenas uma menina e não teria forças para ajudá-lo. E depois, nada acontece sem a vontade de Tupã. Não é justo acusarmos Jupiara. Se o povo quiser castigar alguém, que o façam a mim, pois fui eu quem pedi a Tupiaurê que levasse Jupiara para pescar.

— Hauanã, você se oferecendo em sacrifício no lugar dela não está ajudando-a, e ainda se arrependerá por essas palavras porque os deuses são justos.

Vendo que o povo ficou dividido, o velho pajé perguntou:

– Quem acredita no que Chauendê falou e concorda que Jupiara seja castigada, quebre suas flechas.

Somente alguns poucos o fizeram.

– Sendo assim, Jupiara está livre do castigo, porque foi inocentada pelo povo.

E o povo foi saindo; uns felizes por Jupiara, outros com a certeza de que um dia lhes dariam razão.

Hauanã passou a acompanhar por mais tempo Jupiara, porque temia que algum de seus irmãos investisse contra ela.

Era triste para ele a perda do filho, mas ainda mais triste era imaginar que Jupiara tivesse culpa na morte de Tupiaurê.

Depois desse acontecimento, foi se tornando um homem calado, duro em seus sentimentos; passou a importar-se pouco com a tribo, com suas esposas e filhos. Jupira, vendo que o cacique estava ainda mais longe de sua caçula, chamou Jupiara e aconselhou que ela pedisse a Hauanã que a tornasse guerreira.

E assim Jupiara o fez.

– Papai, vejo em seus olhos a tristeza e a preocupação, e isto me causa grande dor.

– Não sofra por mim. Se estou triste e preocupado, é por me sentir sozinho. Vejo que nosso povo já não tem mais confiança nos deuses, sentem-se injustiçados e com isso estão se afastando uns dos outros, estão destruindo o que existia de mais bonito entre nossos antepassados, que era a união.

– Mas, meu pai, o povo o julga porque me defende. Se eu pudesse me defender sozinha e mostrar o quanto sou capaz, o povo me respeitaria e você não estaria assim.

– O que está querendo dizer?

– Que pode me transformar em guerreira. Só assim serei respeitada e ainda teremos a festa da caça para afugentar a tristeza de nossa tribo.

– Vou conversar com seu irmão e depois lhe darei a resposta.

Passados dois dias, Rananchauê chamou toda tribo e comunicou que em 21 noites haveria uma grande festa da caça na qual seria oferecido a Tupã muita fartura, alegria e beleza para que Ele abençoasse a tribo. Solicitou que todos os índios prontos para serem guerreiros se preparassem, e o melhor faria parte do Conselho.

Jupiara ficou encantada porque sabia que seria a vencedora e, além de guerreira, seria apontada como membro do Conselho. Isso lhe traria o respeito da tribo e a força para defender seu pai de qualquer injustiça.

E todos começaram a se preparar para a grande festa. As mulheres colhendo os melhores frutos, os homens preparando seu arco e flecha para uma boa caçada, e as crianças cuidando das tintas e penas para os guerreiros e suas mulheres se enfeitarem.

Jupiara estava radiante. Contava os dias e as noites. Há muito tempo sonhara com isso. Um dia antes, Hauanã orientou a filha.

Vá até a beira do rio e peça a proteção de sua mãe, porque você vai precisar de amparo.

E ela assim fez. Quando estava a caminho do rio, ia pensando no que seu pai dissera: "Você vai precisar de amparo"... "E, quem sabe, se eu pedir proteção ao deus do poder? Da outra vez, se não fosse a vontade de Tupã, tudo teria dado certo. Não, desta vez não! Sou capaz de vencer sozinha".

Chegando à beira do rio, Jupiara contemplava a beleza e a grandiosidade, quando uma mulher surgiu sobre o rio parecendo mais leve do que a pena. Primeiro ela teve ímpeto de correr; depois lembrou que poderia ser Iara, que todos diziam morar no rio.

– Quem é você?

– Eu sou alguém que ama mais o seu pai do que você.

– Isso não é verdade, ninguém o ama mais que eu.

– Você se engana, não só eu o amo mais, como ele também me ama mais que qualquer coisa.

– Seja você quem for, eu a odeio com todas as minhas forças.

– Mesmo se eu for a boazinha da Iara?

– Mesmo. Eu nunca admitirei que alguém duvide do amor que sinto por meu pai e nem o dele por mim.

E a mulher que pairava sobre a água dançava e dava muitas risadas.

– Existem muitas coisas que você não sabe; uma delas é que seu pai me pertence, assim como eu a ele, e que nada nesse mundo ou no outro vai nos separar; nem a pureza da boa Iara, tampouco as bruxarias de Jupira.

– Suma daqui! Não quero você rondando a minha tribo. Jupira vai saber e a afastará para sempre.

– Não seja tola. Um dia você vai me pedir ajuda e eu lhe direi não.

– Nunca! Suma!

E Jupiara se embrenhou mata adentro como se aquela imagem corresse atrás dela. Chegou na tribo muita assustada e foi direto à oca de Jupira. Depois de descansar, relatou os fatos e Jupira, boquiaberta, não sabia o que falar, pensou: "Será que ela dizia a verdade? Por certo que sim. Estava muito assustada e não ficaria assim à toa."

Jupira preparou um chá para Jupiara se acalmar e mandou que ela fosse deitar um pouco. Jupiara deitou-se, mas já estava tonta. Sua cabeça rodava:

– Será o que eu bebi? É melhor eu tentar dormir um pouco. Preciso estar bem na próxima noite.

Jupira, enquanto isso, concentrava-se e pedia aos seus "amigos" espíritos que lhe explicassem o que tinha acontecido na beira do rio.

Jupiara não conseguia conciliar o sono. Sua mente vivia os momentos que antecederam aquele instante. Mesmo sabendo que estava acordada, não conseguia mover-se. Começou a ter uma alucinação. Via o rosto de Jupira, mas a força e a voz do deus do poder era quem lhe dizia:

– O que aconteceu com você foi um castigo de Tupiaurê, que a condena por sua morte.

– Mas eu não tive culpa.

– Eu sei disso, mas ele não acredita e usou a energia que o prende na terra para assustá-la.

– E onde estão essas energias?

– Estão em seus pertences. Você precisa desfazer-se de tudo que pertencia a ele. Antes da caçada, queime tudo. Só assim ele perderá as forças e não mais assustará você.

– Como fazer isso? Meu pai não vai permitir.

– Espere que todos se recolham e queime a oca dele; seus pertences estão lá e ninguém desconfiará de você.

E como se Jupiara levasse uma paulada na cabeça, ficou desacordada por um bom tempo.

Enquanto a menina dormia sob efeito do chá que Jupira lhe preparou, Haurendê chamou seus irmãos que, juntamente com outros guerreiros, iriam para a mata na noite seguinte.

– Chamei-os aqui para ajudar-lhes no que for possível. Sei que isto quem deveria fazer era papai, mas por ele ter andado tão distante, sei que não vai se importar.

– É verdade; nem para Jupiara ele tem sido o mesmo – falou Capauasul.

– Deixem isso pra lá. Eu vou orientar no que puder, e o que eu não souber, pedimos ao nosso pai.

– Eu, como poucos índios, já tenho noção, porque fui para a mata; só não tive sorte, e graças a você a onça não me comeu.

– É, Haunitá, é preciso muito mais que sorte para ser um grande guerreiro; além da força, temos que ter bondade e justiça dentro de nós para lutarmos pelos nossos e por nossa tribo.

Enquanto conversavam animadamente com Haurendê contando suas experiências junto aos guerreiros nas caçadas que fizera, Hauanã encontrou os três e falou:

– Como é bom encontrá-los felizes. É somente isso que me prende à terra: a felicidade de meus filhos.

– O que o prende na terra, meu pai, é o amor que tem pela vida e o compromisso que possui com todo nosso povo.

– É verdade, Haurendê, papai diz que o que prende ele à terra é a nossa alegria e se esquece que nunca estaremos alegres se ele estiver sempre triste.

– Haunitá, meu filho, a minha alegria há muito se foi. Mas peço desculpas. Agora vejo o quanto estou sendo egoísta. Conto com a ajuda de vocês para me restabelecer e prometo que tudo será como antes.

– Pai, estou instruindo os dois sobre a caçada de amanhã.

– E Jupiara onde está? Por que não está com vocês?

– Eu procurei por ela, e Jupira disse-me que ela estava dormindo para se recuperar para o dia de amanhã.

– Está bem. Vamos os quatro para a oca de Tupiaurê e lá relembraremos das brincadeiras que fazíamos na época em que vocês eram todos crianças.

Chegando lá os quatro riram, brincaram e conversaram feito crianças até tarde. Quando já passava da hora de se recolher, Hauanã falou:

– Já é tarde, vamos deitar. Amanhã será um grande dia para todos.

– É verdade. Esta noite será inesquecível! Vimos papai sorrir novamente, relembramos nosso querido irmão e posso sentir no ar a energia dele.

– Haunitá, tive uma ideia: vamos pedir aos deuses que ele possa nos acompanhar amanhã – falou Capauasul.

– Ou podemos fazer melhor: passaremos a noite aqui e pediremos aos deuses que a energia dele se funda à nossa, assim seremos imbatíveis.

– Você permite, papai? – Falou Haurendê, emocionado.

– Está bem, mas somente hoje.

– Você é o melhor pai e o melhor cacique que esta tribo já teve! Te amamos muito.

Hauanã saiu da oca de Tupiaurê mais fortalecido. Pensou que faltavam só Rananchauê e Jupiara e foi vê-los. Passou na oca de Rananchauê e este já ia se recolher. Hauanã relatou os fatos e disse como aquilo tinha feito bem a ele; despediu-se e foi ver Jupiara. Encontrou-a dormindo um sono tranquilo. Hauanã beijou-lhe a testa, desejando uma boa caçada no outro dia. Foi para sua oca, agradeceu a Tupã por seus filhos e pediu pelos que já não estavam mais com ele e, logo em seguida, adormeceu.

Jupiara acordou assustada, levantou-se e foi para a rua. Olhou cuidadosamente para todos os lados e, não vendo movimento de nada, foi até a fogueira que permanecia acesa para proteger a tribo das investidas de animais. Sentou-se e lembrou de tudo o que tinha acontecido. Era tarde e ela precisava se livrar de tudo aquilo que era do irmão. Eram só pertences abandonados e ninguém entrava naquela oca há muito tempo. Por certo não sentiriam falta de nada.

Jupiara levantou-se, foi pé por pé colocando palha seca por volta da oca e ateou fogo. Tudo foi queimando muito rápido e, quando ela viu o fogo alastrando-se depressa, começou a gritar por socorro. Em pouco tempo apareceram índios de todas as partes tentando apagar o incêndio.

Hauanã, que escutou os gritos, veio desesperado e só conseguia dizer:

– Salvem eles, salvem eles!

Jupiara, vendo o desespero do pai, correu para socorrê-lo. Quando chegou perto de Hauanã, este caiu em seus braços. Jupiara chamou alguns guerreiros que conduziram Hauanã para a oca de Jupira:

– Jupira! Jupira! Por favor, salve meu pai.

– Hauanã, o que aconteceu? Acorde, meu querido!

– Não sei, acho que foi pela perda dos pertences de Tupiaurê!

Ao entrar na oca de Jupira, Rananchauê encontra Hauanã desacordado e Jupiara, que não parava de gritar.

– Calma, Jupiara, precisa de tranquilidade para ajudar papai.

– Tirem-na daqui, por favor; deixem-me a sós com ele.

Rananchauê levou Jupiara aos prantos dizendo não entender por que o pai reagira assim, pois eram só pertences velhos. Até que Rananchauê falou:

– Não eram só os pertences de Tupiaurê que estavam lá dentro. Estavam lá também Haurendê, Hauritá e Capauasul.

Jupiara deu um grito, como se uma flecha tivesse acertado seu peito.

– Não, não pode ser!

– Calma, Jupiara, é preciso ter calma; papai vai precisar da gente.

– Como posso ter calma? Meus irmãos morreram queimados, meu pai não sei se está vivo e você me pede calma?

– Jupiara, nada podemos fazer por ora. Vamos nos reunir para saber quem viu o fogo primeiro, para nos contar como tudo começou.

– Não quero me reunir com ninguém, eu quero é ficar sozinha.

E saiu correndo para a mata, ficando lá sem dar notícias. Sua consciência não parava de lhe acusar: como pudera fazer aquilo com seus irmãos? E seu pai, como estaria? E o que ela diria a seus irmãos de tribo? Que foi ela quem queimou seus irmãos? Não, ela não poderia mais voltar lá.

Na tribo, a notícia de que os três filhos de Hauanã estavam na oca causou desolação.

Hauanã, quando acordou, se dizia culpado e não parava de chorar. Foi então que Jupira, com o auxílio de Chaurê, deu um chá muito forte que fez com que ele adormecesse profundamente.

Rananchauê reuniu toda a tribo para juntos descobrirem o que havia acontecido.

– Meus irmãos, algum de vocês sabe o que aconteceu aqui?

– Jupiara era quem gritava pelo povo – disse Haraiã.

– Onde anda Jupiara, que não foi mais vista na tribo? – quis saber Tupiauranã.

– Ela ficou muito nervosa quando eu falei que nossos irmãos estavam na oca, então se embrenhou na mata e não mais voltou.

– É, as mulheres são mais fracas. Embiaté, Curulitá e Suapó também estão desesperadas.

– Eu sei, Haraiã, que todas precisam de ajuda, mas não sei o que fazer. Agora estou só, meus irmãos estão mortos, meu pai doente e minha irmã desaparecida.

– Você não pode se desesperar; sei que muitas coisas aconteceram e você, como cacique, precisa resolver, mas não está só. Pode contar com a ajuda de todos.

– Se pelo menos meu pai estivesse aqui, Haraiã, ele me diria o que fazer. Mas sem ele tudo fica mais difícil. E ainda tem Jupiara que não aparece, onde será que ela anda?

– Quanto a seu pai, eu tenho certeza de que ele vai ficar bem. Já em relação a Jupiara, você deve procurá-la. Acredito que ela tem muita coisa a nos dizer com relação ao incêndio que matou seus irmãos – disse Chauendê.

– Chauendê, eu sei o quanto é grande a amizade que você tem para com meu pai e sua preocupação com a tribo, mas não acredito que Jupiara tenha muito a dizer sobre o incêndio. Ela nem sabia que nossos irmãos estavam dentro da oca de Tupiaurê. Como terá informações sobre o incêndio?

– Chauendê, fala isso porque não acreditas na inocência de Jupiara. Desde a morte de Tupibachá que você vem nutrindo desconfianças em relação a ela. Quando Tupiaurê se foi, você também afirmou que Jupiara teria culpa e isso trouxe a divisão para nossa tribo.

– Sinto muito, amigo Haraiã, se é assim que você pensa, mas não são só desconfianças. Se falei, foi porque acredito realmente que ela teve culpa. Não acusaria Jupiara se não tivesse certeza do que falo. Saiba que os filhos de Hauanã para mim são os filhos que não tive; eu os vi nascer, crescer e se tornarem guerreiros. Se vocês tivessem acreditado em mim ou nas minhas suspeitas, talvez nossa tribo não seria tão castigada pelos deuses.

– É difícil acreditar no que escuto, mas por ser Chauendê um dos guerreiros mais sábios da tribo, sei que não seria capaz de dizer coisas somente para prejudicar minha irmã, sabendo da importância que ela tem para o meu pai e o quanto isso abalaria a amizade de vocês.

– Obrigado, nobre cacique, por suas palavras. Seria bom que todos vissem a situação assim como você. Porém, infelizmente, é melhor para o povo acreditar que sua irmã é tão pura e bondosa quanto a mãe dela, que todos amam. E será justamente esta cegueira a destruir nossa tribo.

– Você está sendo duro demais com Rananchauê. Não esqueça que antes de ser um cacique ele é um menino, preocupado com a saúde do pai e o desaparecimento da irmã. A vida já tem exigido demais dele. Agora só nos resta, como amigos e filhos da mesma aldeia, dar-lhe apoio e atenção nestes momentos em que ele se sente tão só – falou Haraiã, um tanto preocupado.

– Não se preocupem comigo. Agora chegou a hora de agir como um cacique, mostrar que sou filho de Hauanã e que, assim como ele, colocarei a justiça e a ordem em primeiro lugar. A vontade de meu povo e os costumes de meus antepassados virão sempre em primeiro lugar.

Dizendo isso, Rananchauê se despediu dos amigos e foi ver como seu pai estava.

As Armadilhas da Vida

Hauanã acordou ainda um pouco tonto. Olhando à sua volta viu somente Jupira, que velava por seu sono. Tentou levantar-se, mas não conseguiu. Jupira, vendo-o acordar, foi ao seu encontro um tanto preocupada.

– Como se sente?

– Um pouco tonto. O que aconteceu, onde estão todos?

– Você estava muito nervoso. Meu pai e eu demos um chá para você beber, que o fez dormir um dia e uma noite.

– Eu agora estou me lembrando. Meus filhos, como estão, conseguiram se salvar?

– Infelizmente não. O fogo foi arrasador e eles não tiveram chance de escapar.

– Oh, meu pai, por que desse jeito? Por que com eles e não comigo, que já vivi, já tive um amor, já conheço as tristezas e as alegrias que esta terra pode dar?

– Não seja injusto. Você não sabe o que diz, está nervoso e tem motivos para isso. Tupã vai perdoá-lo. Ele que é bom e justo sabe o quanto sofre. E se você aqui está é porque Ele sabe o quanto é importante para nós que estamos do seu lado. Saiba, Hauanã, este sofrimento não é só seu. A tribo sente também, porque todos nós amávamos seus filhos. Além disso, Embiaté, Curuitá e Suapó mais do que nunca precisarão de sua ajuda.

– É verdade. Depois de tanto sofrimento eu ainda não aprendi; com resignação é que se cresce e só assim eu posso ver o quanto Tupã é sábio: Ele nos dá o sofrimento para aprendermos a ser felizes.

– Que bom, meu querido, parece que você está voltando a ser aquele guerreiro de fé e esperança. E entende que somente Tupã sabe o que é melhor para nós.

Nisso vai chegando Rananchauê.

– Que bom poder vê-lo melhor, meu pai.

– É verdade, já conversamos e, graças a Tupã, Hauanã entendeu que tudo o que aconteceu foi da vontade dos deuses, e toda a tribo precisa ser forte agora para auxiliar aquelas que mais sofrem, ou seja, as mães e Suapó, que ainda estão inconformadas.

– Foi bom você ter chegado também, Rananchauê. Preciso dizer a meu pai que Hauanã acordou. Você faz companhia a ele até que eu volte?

– Pode ir tranquila. Ficarei aqui. Preciso mesmo falar com meu pai em particular.

Vendo que Jupira saía, Hauanã sentou-se e perguntou onde estava Jupiara, que ele ainda não havia visto.

– É justamente sobre ela que preciso lhe falar. Jupiara, depois de saber que Haurendê, Hauritá e Capauasul estavam dentro da oca, desapareceu no meio da mata e ainda não voltou. No começo não me preocupei. Achei que ela realmente precisava de um tempo para aceitar o acontecido, mas já faz três dias e ela ainda está desaparecida.

– Por favor, meu filho, mande agora mesmo cinco dos melhores guerreiros para procura-lá, e não deixe que nada de mal aconteça à sua irmã.

– Calma, papai, não vai acontecer nada com Jupiara. Ela é esperta e corajosa.

– Uma outra coisa, Chauendê acredita que Jupiara saiba de alguma coisa sobre o incêndio e por isso se embrenhou mata adentro para ninguém perguntar o que ela não saberia responder.

– Eu não posso crer que exista alguém pensando que Jupiara seja culpada. Ainda mais sendo Chauendê, o meu velho e bom amigo. Ele precisa ter cuidado para essa conversa não cair nos ouvidos do povo porque se isso acontecer, Jupiara não conseguirá viver na tribo.

– Por ser Chauendê quem é, eu resolvi investigar essas suspeitas de perto. Creio que ele não colocaria em risco a sua amizade e a lealdade que lhe dedicou durante tanto tempo.

– Isso que me diz é um absurdo.

– Pode ser, mas para a minha consciência ficar tranquila, eu preciso investigar. De mais a mais, sabemos que Jupiara não seria capaz de uma barbaridade dessa.

– Está bem, mas vá antes ao encontro de Chauendê e diga que preciso lhe falar com urgência.

Quando Chaurê e Jupira chegaram, já encontraram Hauanã de pé e notaram que ele não estava bem.

– O que está acontecendo? Por que você está assim? Estava tão bem quando saí daqui.

– Jupira, você pode deixar eu e seu pai a sós? Preciso falar-lhe.

– Já vi que está melhor; trocando segredinhos novamente com papai. Mas desta vez não me importo. Fico feliz por vê-lo bem.

– Obrigado, você tem se mostrado uma grande amiga.

– Falando isso, Hauanã se aproximou de Jupira e deu um beijo em sua face. Ela baixou a cabeça e os deixou a sós.

– Mas me diga, meu amigo, o que tanto o incomoda e Jupira não pode saber?

– Chaurê, Rananchauê me disse da desconfiança de Chauendê de que minha menina Jupiara possa ser culpada de tudo o que aconteceu. Você acredita nisso?

– O próprio Chauendê me procurou e falou de suas suspeitas. Mas eu não posso acreditar que aquela menina de olhar sincero e doce sorriso seria capaz de tamanha crueldade.

– Isto está me dilacerando o peito. Sofro pelos dois, Jupiara por ser a minha eterna pequena, e Chauendê por ser meu grande amigo.

– Não fique assim! Você passou por uma grande emoção há pouco tempo. Eu tive uma ideia que pode ajudar.

– Por favor, então me diga!

– Podemos ir até a clareira da mata e eu invocar o espírito guardião da tribo. Não sei se consigo, já estou velho e talvez não suporte sua força, mas podemos tentar. E se ele vier, perguntaremos se Jupiara é realmente culpada, como diz Chauendê.

– Para isso preciso antes falar com ele e ver se concorda em ir conosco. Daí marcaremos o melhor dia para ir até a mata.

– Estamos combinados. Quando tiver uma resposta de Chauendê, me procure. Faremos o possível para ajudá-lo.

– Obrigado, meu amigo. Você, como sempre, me socorrendo nas horas mais difíceis da minha vida.

– Você sabe que faço isso por você e toda a tribo. Então não me agradeça. Estarei sempre às ordens. Afinal, não é sempre que um velho pode servir à sua tribo.

Depois que Chaurê saiu, Hauanã recostou-se e ficou pensando em tudo o que havia passado. Qual seria o motivo de tanto sofrimento? Por que a vida lhe apresentava tantas dificuldades? Com certeza, em algum lugar da natureza haveria uma resposta para suas perguntas. Lembrou-se de seu pai e de uma história que ele contava. Quando seu povo vivia em outras terras, existia um velho xamã e seu discípulo que era muito curioso e fazia muitas perguntas.

– Mestre, qual a maior riqueza de um guerreiro?

O mestre não respondeu e então ele, acreditando que seu mestre não tinha ouvido, tornou a perguntar:

– Mestre, qual a maior riqueza de um guerreiro?

E o mestre em silêncio permaneceu. Então o discípulo, chateado com seu mestre, saiu, só voltando no outro dia.

– Ontem você se foi e nem se despediu de mim, por quê?

– Eu pensei que estivesse atrapalhando, pois lhe fiz uma pergunta e o senhor não me respondeu. Então eu acreditei que o senhor estivesse recebendo instrução dos deuses e, não querendo atrapalhar, fui embora para só hoje voltar.

– Mas já tinha respondido a sua pergunta quando se foi...

– Como respondeu, se ficou em silêncio o tempo todo?

– E aí está a resposta. A maior riqueza de um guerreiro e o que nos torna diferente dos outros animais é a palavra e a ausência dela, ou seja, o silêncio.

Hauanã levantou-se e pensou: "É verdade, será no silêncio que encontrarei as respostas para todas as perguntas. É preciso buscar na natureza somente a força da terra, da mata, do fogo, do ar, e as respostas encontrarei no silêncio". E saiu para respirar ar puro e achar, no meio da mata, a paz de que precisava.

Foi até a beira do rio, sentou-se e ficou a contemplar as belezas que ali estavam; como havia sido feliz ali. Parecia ver Iara sorrindo à sua frente. Lembrou-se também das outras mulheres. Será que um dia alguma delas teria sido feliz com ele, assim como ele fora com Iara? Existia uma delas que era feliz sim, e esta era Luandê, a única que aceitava e entendia, porque assim como ele, ela conhecia o amor puro e desinteressado.

Passado algum tempo que já estava ali na beira do rio, Hauanã escutou a voz de Jupiara quebrando o silêncio.

– Papai, não acredito, é você mesmo? Diga que não estou sonhando?

– Filha, que bom ver você! Está tudo bem? Fizeram algum mal a você? Diga-me, por favor.

– Foi Tupã que me mandou aqui. Já não sabia o que fazer com a saudade que sentia de você. Pensei que o dia de vê-lo não chegaria jamais.

– Eu sei, filha, foi um momento difícil para todos nós. Aceitar a perda é sempre muito duro. Para encará-la, precisamos ter coragem e certeza de que a morte não é o fim.

– Sabe, pai, quando escuto você falar essas coisas, tudo fica mais bonito. Até a morte é mais fácil de entender. Esta certeza que você tem, de que tudo dará certo, me dá coragem para seguir em frente.

– Filha, precisamos conversar. Queria que você me contasse o que viu naquela noite.

Jupiara levou um susto. O que seu pai sabia a respeito do incêndio? Será que fizera uma consulta ao deus do poder? "Não, ele não faria", pensou Jupiara.

– Pai, eu preferia esquecer. Aquela noite só trouxe tristeza a todos nós.

– Eu sei, mas é preciso falar, há quem diga que você foi a primeira pessoa a ver o incêndio.

– Quem, papai? Chauendê, que vive me perseguindo, sempre dizendo que eu sou culpada de tudo que acontece?

– Filha, não importa quem seja, você precisa dizer o que sabe, porque o povo ainda não conseguiu entender como o fogo alcançou a oca.

– Como não importa, pai? Chauendê vive me perseguindo, vigia todos os meus passos. Tudo o que acontece de ruim na aldeia, para ele tem somente uma culpada: Jupiara. O que eu fiz para esse homem, o senhor pode me dizer?

– Não é perseguição. Chauendê é um homem bom, que se preocupa com todos os membros da tribo, não só com você.

– Ah, papai, eu estou cansada de ser a causadora de tantas tristezas para o seu povo. E por isso eu saí daquela tribo, porque sabia que alguém me acusaria também daquela tragédia. O seu povo, pai, me condena, me acusa, porque não tenho mãe, nunca tive uma mulher que me ensinasse as coisas que só as mulheres sabem. Fui criada por você, cheia de vícios e de costumes, o que me tornou uma menina mimada e cheia de vontades. E todos sempre achavam bonitinho, pois viam que você fazia o seu melhor. Só que hoje, papai, aquela menina engraçadinha cresceu e você não é mais o cacique da aldeia. Agora não é preciso mais me bajular nem dizer a você o quanto eu sou boa. Porque agora você é somente um guerreiro cansado e eu uma pessoa que não foi mulher porque não tinha a graciosidade das outras, e não fui uma guerreira porque era fraca demais. E assim fica fácil de entender as acusações. Na verdade, eu não sirvo para nada.

Jupiara falava isso entre lágrimas e foi então que Hauanã viu o quanto havia errado, o quanto ela era frágil. Por que ele não notara isto antes? Ela tinha razão em sentir-se rejeitada por seu povo. Ele precisava fazer alguma coisa para ajudar sua filha.

– Se você pensa não servir para nada, fui eu que fiz você pensar assim porque ensinei tudo o que sabe da vida. Vejo agora o quanto errei, mas ainda dá tempo para consertar. Vamos voltar para a aldeia e você me explica o que aconteceu naquele dia. Todos vão ver que não tem culpa de nada e então Chauendê pedirá desculpas na frente de toda a tribo. E tudo voltará a ser com antes.

– E se ele se recusar a voltar atrás?

– Ele terá de se retirar da tribo. Um guerreiro não derruba outro, porque sabe que quem derruba hoje será derrubado amanhã. Mas eu sei, ele também vai ver o quanto errou com você e, além de pedir desculpas para a tribo, lhe pedirá perdão.

– Se tenho sua palavra que tudo ficará bem, eu volto com você.

E assim os dois seguiram rumo à tribo. Jupiara preocupada com a reação do povo e Hauanã se sentindo mais leve, pois agora sabia que o motivo da fuga de sua filha era o medo de ser apontada como responsável pela morte dos irmãos, e não a culpa que carregava em sua consciência.

Chegando à tribo, todos a olhavam com muita curiosidade; uns com piedade, outros com revolta. Hauanã segurava sua mão com força e dizia-lhe baixinho:

– Fique tranquila. Tudo vai dar certo.

Foram direto à oca do Conselho. Hauanã sentou-se perto de Jupiara e mandou que chamassem todos os membros do Conselho, suas mulheres, Jupira, Rananchauê, Marerauni e Iorende. Eles foram chegando aos poucos e se acomodando. Algum tempo depois já estavam todos presentes e Hauanã começou a falar:

– Meus irmãos, depois de tudo o que aconteceu, quero dizer-lhes que não acho digno me dizer guerreiro superior desta tribo – guerreiro superior, porque tinha passado o cargo de cacique a seu filho; neste caso, era um guerreiro que tinha quase a mesma força que o cacique. Perante o seu povo continuava sendo seu bom e velho cacique. – Quando mais precisaram de mim, não fui forte o bastante para auxiliá-los; fui egoísta e não lembrei que além de mim existiam pessoas que sofriam tanto quanto eu. Perdi os sentidos e, para voltar ao normal, precisei de um chá preparado por Jupira e Chaurê, que fez com que eu dormisse um dia e uma noite. Somente quando acordei Jupira me falou de tudo que tinha acontecido e o quanto estavam preocupados comigo. Primeiro me senti culpado, porque fui eu quem permitiu que os três ali pernoitassem. Fui olhar também Jupiara, mas esta já estava dormindo tão profundo que somente beijei sua testa e fui para minha oca. Chegando lá, agradeci a Tupã pelos meus filhos que me davam tanta alegria e também pedi que olhasse e protegesse Tupibachá e Tupiaurê, que já não estavam mais entre nós. Depois de minhas preces, adormeci e acordei quando tudo já havia acontecido. Quando vi a oca em chamas, não consegui falar; só senti que minhas vistas se escureciam e minhas pernas perderam as forças, e então só lembro que caí. Quando dei por mim, estava na oca de Jupira deitado em sua tarimba, com ela e Chaurê me olhando. Queria sair dali para ver meus filhos, saber como eles estavam, mas não consegui. Chaurê então me deu algo para beber, que me fez dormir.

Enquanto Hauanã relatava o que havia lhe acontecido, todos escutavam em um profundo silêncio.

– E por tudo isso lhes peço desculpas.

Então quem tomou a palavra foi Jupira.

– Hauanã, você não precisa pedir desculpas de nada. Como sempre, tem se mostrado um grande guerreiro, pai e amigo. O que aconteceu consigo poderia acontecer com qualquer um de nós e como, eu já lhe falei, não existe um culpado quando os deuses determinam, só nos resta aceitar essa determinação com resignação e coragem.

Rananchauê, vendo Jupira terminar de falar, levantou-se e começou sua exposição.

– Como Jupira mesmo disse, para aceitar a determinação dos deuses é preciso resignação e coragem, e é o que eu preciso ter neste momento. Está sendo determinado pelos deuses que se descubra o causador da morte dos meus irmãos e, por mais que me doa, se existir um culpado, este será punido com a morte, porque é isto que mandam nossos costumes. Então peço a cada um que aqui está começar a falar o que sabe. Por favor, Jupiara, você é a primeira.

– Naquele dia eu acordei sentindo um cheiro muito forte de fumaça e pensei que tinha alguém colocando os ossos das caças anteriores na fogueira para afugentar maus espíritos.

– Mas você sabe que para isso acontecer é preciso todo um ritual.

– Por favor, Chauendê, não interrompa! Sua vez de falar vai chegar – advertiu Rananchauê.

– Só que tinha muita fumaça, então levantei para ver. Foi quando vi as labaredas queimando a oca de Tupiaurê. Gritei por socorro, mas não sabia que meus irmãos estavam ali dentro. Quando todos vieram, vi meu pai que gritava muito e fui socorrê-lo. Quando cheguei perto, ele caiu e o levamos para a oca de Jupira. Chegando lá, Jupira pediu que a deixássemos a sós com papai. Rananchauê e eu saímos e ficamos do lado de fora aguardando. E então eu falei a Rananchauê que não entendia o desespero de papai. Afinal de contas, eram só pertences velhos; não precisava de todo aquele abalo. E foi quando ele me falou que nossos irmãos estavam lá dentro. Foi como se alguém tivesse tirado o chão debaixo de mim. Gritei, disse que não era possível, papai não iria aguentar, e saí correndo para a mata. Chorei muito, não podia me conformar. Acabei adormecendo e, quando acordei, fiquei com medo de voltar e do que encontraria aqui. Papai morto, o povo me acusando pela morte dos meus irmãos. Então achei melhor não voltar mais e só estou aqui porque Tupã fez com que eu e meu pai nos encontrássemos na beira do rio onde mamãe pescava. Conversamos, e papai me fez entender que não se resolve um problema fugindo. Estou aqui para contar o que sei e, se o Conselho decidir que sou culpada, serei punida, mas com dignidade.

Quando Jupiara terminou de falar, sua mão suava. Olhou para seu pai, que lhe sorria e lhe dava confiança. Chauendê levantou-se e falou diretamente a Jupiara.

– Se você não sabia que seus irmãos estavam lá dentro, por que se sentiu culpada?

– Por não ser bem vista na tribo. Existem pessoas aqui que dizem gostar de mim só por eu ser filha de quem sou. Você, por exemplo, vive me perseguindo; tudo o que acontece de ruim, para você, tem meu dedo.

– Não, Jupiara, está enganada! Gosto muito de você, vi sua mãe nascer e crescer. E o mesmo com você e seus irmãos. O que está errado, Jupiara, é os outros serem prejudicados por uma coisa que você fez. Se você fez, deve responder pelos seus atos, e não seus irmãos. E nesta tribo eu sempre fui defensor da justiça e da liberdade.

– Assassina! Você matou nossos filhos! – gritou Embiaté.

– Calma, gente, ninguém tem provas de nada. Não é justo com Jupiara acusá-la desse jeito – falou Jupira, enquanto Luandê segurava Embiaté.

– Justo você me fala de justiça, quando todos sabemos que foi ela, a mando desta feiticeira, que matou Tupibachá, e o pobrezinho não incomodava ninguém. Depois vai para o rio pescar com Tupiaurê e o que acontece? Ele morre. Agora a oca que os três estavam pega fogo e quem foi a primeira a ver? Novamente Jupiara. E você me pede justiça? Eu só espero que o Conselho faça a justiça, porque senão, faço eu mesma.

Vendo que todos falavam juntos e tudo tinha se transformado em um grande tumulto, Rananchauê botou todos para fora, deixando somente Chauendê, Chaurê, Jupira, Haraiã, Jupiara, Hauanã, Tupiauranã, Gejuitá e mais alguns membros do Conselho para decidirem o que fazer. Enquanto isso, Hauanã acalmava Jupiara que chorava muito. E depois de tudo se aquietar, foi Chaurê quem falou:

– Eu tenho uma ideia e já falei até mesmo para Hauanã. Podemos ir até a clareira da mata hoje ao anoitecer e invocar o grande espírito protetor da aldeia para nos dizer o que de fato aconteceu. Então todos acataremos o que ele disser. Quando sugeri a Hauanã, era para ir somente Chauendê, eu e ele. Mas agora, depois de tudo que aconteceu, podemos ir todos. O que acham?

– Eu não irei, não acredito na vinda dos deuses até aqui para resolver um problema nosso, disse Jupiara.

– Eu concordo com Jupiara e não gosto do que estão fazendo contra ela. Ela errou algumas vezes, eu concordo; mas chamá-la de assassina, como fez Embiaté, é demais – concordou Hauanã.

– Mas, pai, se não for desse jeito como vamos provar a inocência de Jupiara, sem cometer injustiça com o nosso povo?

– O nosso povo está sendo injusto com Jupiara, e eu não posso admitir isso. É o mesmo que fazer a mim; e já está decidido: não irei.

– Olhe, Hauanã, tenho sido seu grande amigo desde que viemos de terras distantes. Eu sempre o admirei, tenho muito orgulho de tê-lo como cacique maior de nossa aldeia, mas desta vez eu não posso concordar com você. Você parece saber que ela é culpada e não quer admitir.

Hauanã, ao ouvir isto, levantou-se em um só impulso, agarrando os ombros de Chauendê. Sacudia ele como se quisesse tirar à força um pedido de perdão. Todos correram para separar, mas os dois rolavam no chão em uma briga sem-fim. Quando a luta acabou, os dois já estavam bem machucados. Hauanã levantou-se e seus olhos eram como duas faíscas. Olhando diretamente nos olhos de Chauendê, disse-lhe:

– Nesta tribo não tem mais lugar para você. Junte todas as suas coisas e vá embora antes do entardecer. E se alguém achar que estou errado, que se retire junto com ele. Daqui para a frente não vou mais admitir comentários sobre a vida de Jupiara. Seus erros e acertos só dizem respeito a ela. Quanto ao que pensam fazer na mata hoje ao anoitecer, podem ir, e saibam que, se forem, no dia seguinte devem se desculpar com Jupiara. Não tenho mais nada a fazer aqui. Vamos embora, filha.

Pegando Jupiara pela mão, saiu sem nem mesmo esperar o que os outros tinham a dizer. Todos em silêncio, olhando entre si, ficaram esperando que ele saísse lentamente, para depois combinarem como seria dali para a frente.

Rananchauê abraçou Chauendê e disse:

– Meu pai não podia ter feito isso com você, não é justo. Você sempre foi o seu melhor amigo; e agora, para onde vai?

– Não se preocupe comigo. Tenha paciência com seu pai; ele vai precisar. Eu não estarei longe daqui. Se precisar, é só me chamar. Agora preciso ir. Encontro vocês ao cair do sol na clareira. Haraiã, ajude a todos e, se Hauanã precisar, me chame. Diga a ele que, se eu estivesse em seu lugar, talvez fizesse o mesmo.

– Você é um grande amigo! Que os bons espíritos o protejam.

Quando Chauendê ia saindo, Chaurê chamou.

– Chauendê, busque no silêncio a paz para seu coração. Só assim os deuses podem protegê-lo. Que Tupã o acompanhe.

– Ele irá proteger, não só a mim, mas toda a tribo. Até mais, amigos.

Quando o Passado nos Cobra

Ao chegar em sua oca, Hauanã deitou-se para descansar. Jupiara sentou a seu lado, preocupada com o que o pai fizera. Ela sabia de sua culpa e, se tudo realmente fosse descoberto, o que seria dela? E ele, como reagiria ao saber que sua querida filha enganou-o esse tempo todo? Se preciso fosse, ela se entregaria em sacrifício. Em troca pediria o perdão para seu pai, que de nada sabia.

Enquanto isso, Hauanã pensava em como pôde fazer aquilo com Chauendê, que sempre fora seu melhor amigo. Estava fora de si e deveria ter conversado com ele depois; não podia ter perdido a cabeça. Mas agora já era tarde. Chauendê já deveria estar longe. Depois que tudo fosse resolvido, iria procurar por ele para pedir-lhe desculpas e dizer que voltasse a fazer parte da tribo.

O sol já baixava quando Rananchauê chegou à casa de sua mãe com Itaujuá, pedindo para Luandê fazer companhia para sua esposa enquanto ele ia até a clareira com Chaurê, Jupira, Haraiã e Tupiauranã para invocar o espírito protetor da tribo.

– Meu filho, tenha cuidado. Não vá fazer nada que faça seu pai sofrer! Lembre-se o quanto Jupiara é importante para ele e o quanto ele deve estar sofrendo por ter mandado Chauendê embora. Antes de ir, meu filho, vá até a oca dele e veja como ele está; diga que, se precisar, é só me chamar que irei atendê-lo.

– Está bem, mamãe, estou indo lá. Não se preocupe, vou buscar justiça, e não sofrimento.

– Que Tupã o proteja, meu filho.

Antes de ir para a mata, Rananchauê passou pela oca de seu pai como tinha prometido. Chegando lá, Jupiara estava sentada em um canto, confeccionando um cesto. Hauanã continuava deitado, preocupado com a situação da filha. Quando viu Rananchauê, logo levantou.

– Meu filho, aconteceu alguma coisa?

– Não, pai, só vim até aqui para saber se precisa de alguma coisa.

– Não, meu filho, só preciso descansar um pouco. Meu dia foi bastante cansativo.

– E você, Jupiara, está bem?

– Estou. Um pouco chateada com tudo o que aconteceu, mas bem.

– Se está tudo bem, então já vou indo.

– Assim tão rápido?

– Preciso ir. Chaurê me espera para irmos para a clareira. Jupira já foi na frente levando as ervas necessárias para o ritual. Estou indo mais tarde para acompanhar Chaurê.

– Meu filho, cuidado! Não se deixe levar por aquilo que não conhece. Nem toda fruta madura é doce.

– Pai, fique tranquilo. Só estou indo porque sou o cacique e é importante que um de nós esteja lá. Depois, quero pedir aos deuses que protejam Chauendê. Ele agora vai precisar muito de proteção. Viver na mata sozinho não deve ser fácil.

– Então vá, meu filho, e peça aos deuses por mim e por sua irmã também.

– Pedirei, papai. Fiquem bem. A mamãe falou que se precisar, é só chamar.

– Está bem, filho. Vá com cuidado.

Rananchauê saiu dali mais animado por ver o pai e a irmã bem. Quem sabe faltasse pouco para tudo voltar a ser como antes.

Foi ao encontro de Chaurê, que esperava impaciente.

– Ô, meu filho, como você demorou! Pensei que havia desistido.

– Não, pajé, vamos até o final para deixarmos claro ao povo que aconteceu somente a vontade dos deuses, e para que Jupiara e Chauendê possam viver em paz e harmonia.

Quando chegaram à clareira, Jupira e os outros já estavam aguardando impacientes. Tinham preparado tudo para começar. Chaurê mandou que fizessem um círculo sobre o qual deveriam caminhar. Cada um invocaria um dos deuses: Jupira, o Deus do Ar; Chauendê, o

Deus da Terra; Haraiã, o Deus da Àgua; Tupiauranã, o Deus do Fogo; e Rananchauê que se concentrasse em Tupã. Ele ficaria dentro do círculo chamando o protetor da aldeia. Algum tempo depois, Rananchauê olhou e viu todos os seus companheiros em transe; ficou, então, observando o que acontecia com Chaurê, que ainda rodava lentamente. De repente, Chaurê começou a falar uma língua que Rananchauê não conhecia, ele chegou mais perto para tentar se comunicar. Havia muitas coisas a saber e não havia tempo a perder.

– Grande espírito, estamos aqui todos reunidos em busca de ajuda. Muitas coisas têm acontecido em nossa aldeia e já não sabemos mais como agir. A tristeza e a morte fazem moradia entre nossas ocas. Meu pai, que era tão justo e bom, tornou-se prepotente e arrogante; minha irmã, que ainda é uma menina, todos a acusam de assassina. Eu lhe peço, Senhor, que nos ajude a descobrir a verdade.

– Filho, se aqui estou é porque tenho permissão para auxiliá-los e só nos resta a verdade. Por pior que ela seja, você tem de ser forte. Os desígnios do Pai precisam ser aceitos com resignação e coragem. Quando diz que o mal habita em vossa aldeia, está sendo injusto com o Todo. O mal está dentro do coração daqueles que dão espaço. Seu pai está se deixando levar por seu coração. Ele teima em não querer ver que sua irmã está sendo induzida por espíritos malignos, que desejam a destruição de todos vocês.

– Você está me dizendo que foi ela realmente quem matou meus irmãos?

– Sim, filho, Jupiara, que se deixou levar pelo ciúme, ambição, vaidade e prepotência, acabou sendo instrumento para tudo acontecer. Esses sentimentos fizeram com que ela se aproximasse daqueles que se dizem seus inimigos.

– Mas quem são essas pessoas que nos querem tanto mal, se nem os conhecemos? De onde eles vêm e a qual tribo pertencem?

– Você não entendeu. Essas pessoas de que falo não vivem em seu mundo, e sim no mundo dos espíritos. Eles se dizem vossos inimigos desde que partilharam outras existências com alguns de vocês e não os perdoam por tudo o que aconteceu um dia. Hoje, se vocês estão aqui, é para resgatar suas faltas passadas. Existe um compromisso que já se arrasta durante muitas vidas. Prometem pagar suas faltas no astral e, quando estão encarnados, usam do esquecimento para fugir de seus compromissos. O maior compromisso que existe entre vocês e que precisa ser resgatado é o de se amarem, se respeitarem como indivíduos e conseguir em uma encarnação viverem juntos e se dedicarem ao próximo, cuidando sempre para não julgar as faltas alheias; todos podem errar e precisam ser perdoados. Se cada um de vós que vive neste mundo pudesse dar ouvidos à sua consciência somente, não teriam tempo para julgar seu irmão. E assim viveriam melhores, sempre em harmonia com o Todo.

– Mas o que eu não consigo entender é por que a vida nos cobra uma atitude que nós sequer conhecemos. Somos obrigados a pedir perdão a pessoas que nem sabemos existir. Diga-me como ser bom com alguém que tira a vida de outros que nos são tão caros?

– Se você sofre a perda de entes queridos hoje, saiba que ontem foi você quem tirou a vida de outros; hoje sofre por essas faltas passadas. Por isso, meu filho, digo-lhe o quanto é importante vocês aprenderem a perdoar. O perdão é a base para uma vida feliz.

– Então, pelo que o senhor me diz, em outras vidas fizemos Jupiara e esses que se dizem nossos inimigos sentirem a dor da perda, e hoje eles estão entre nós para cobrar esse sofrimento?

– Sim. Como vocês, eles não conhecem o perdão e a justiça de Tupã. Acreditam que podem fazer justiça com sua mãos, e o resultado é dor e sofrimento para todos. A melhor solução, meu filho, é esperar que Tupã lhe mostre o caminho a seguir. Ele jamais abandona um filho.

– Como vou fazer agora? Como dizer a meu pai que foi Jupiara que matou meus irmãos? Ele não vai suportar tanta dor! Ajude-me, por favor.

– Chame este filho que me serve de instrumento, fale toda a verdade para ele e peça que converse com seu pai. Ele vai saber explicar e seu pai vai ver o quanto estava enganado por não ouvir seu coração. Seu pai precisa aceitar que o coração foi feito para sentir, e não para ver. Esta será sua principal lição.

– Obrigado por seus ensinamentos. Vou procurar ser uma pessoa melhor. E, sempre que tiver permissão, venha para nos orientar.

– Não me agradeça. Antes mesmo que pense, nos veremos de novo. Que Tupã proteja a todos!

E novamente o corpo de Chaurê começa a girar lentamente, e os outros que permaneciam de pé no círculo começam também a se movimentar. Rananchauê, olhando para tudo que acontecia, estava maravilhado com as coisas do espírito que até então nem sabia que existiam. Quando todos recobraram a consciência, queriam saber o que havia acontecido e se realmente existia um culpado por todas tristezas recentes.

– Rananchauê, conte-nos tudo que se passou. Precisamos saber.

– Todos vão saber, mas antes preciso falar a sós com Chaurê. Existem coisas que ele deve saber primeiro. Esta é uma das orientações do nosso protetor.

– Se é assim, vá na frente com Chaurê, enquanto recolhemos nossos pertences.

E assim fizeram. Enquanto Rananchauê seguia com Chaurê, relatando os fatos, à medida que falava, Chaurê ia ficava mais preocupado com o que ainda estava por vir. Como faria para dar aquela triste notícia a Hauanã, que tanto confiava na inocência da filha? Como uma menina tão frágil e inocente pudera fazer tanta maldade? Ele rezaria pedindo proteção antes de falar qualquer coisa.

Quando chegaram à tribo, muitos já tinham se recolhido e somente quem sabia do que estava acontecendo aguardava por eles.

Quando soube que eles voltavam da mata, Jupiara foi ver se descobria algo. O que teria acontecido? Será que tinham feito alguma descoberta? Não vendo movimento algum, voltou para a oca de seu pai, onde o encontrou falando com Rananchauê.

– É melhor deixar para amanhã. Hoje Chaurê está cansado demais.

– Se já tem uma resposta, quero saber já. Não vou conseguir dormir e, se preciso saber de algo, que seja agora.

Vendo Jupiara chegar, Rananchauê ficou calado olhando para ela, tentando ver se realmente era verdade que por trás daquele rosto de menina se escondia tão perigosa e traiçoeira figura. Seu pai, então, quebra o seu silêncio repentino.

– Está acontecendo alguma coisa, meu filho?

– Não. Não, pai, eu só me distraí um pouco.

– Vai ficar aí fazendo companhia a Jupiara, enquanto vou ver o que Chaurê descobriu?

– Só um pouco. Depois vou caminhar por entre as árvores até o sono chegar.

Quando Hauanã saiu, Jupiara começou a fazer perguntas a ele tentando saber o que tinha se passado.

– E então, como foi seu encontro na clareira? Descobriu quem tirou a vida de nossos irmãos?

– Jupiara, eu prefiro não falar sobre isso agora. Já tivemos muitas emoções e é melhor deixar isso para manhã.

– Isso significa que os deuses disseram que não tive culpa. Se culpada fosse, hoje mesmo você me mataria, como você mesmo falou na oca do Conselho.

– Jupiara, não se trata disso. Tenha pena de papai, que tanto já sofreu por sua causa. Não torne as coisas ainda mais difíceis. O melhor que você faz é ficar quieta; enquanto isso, vá pedindo proteção a nossos antepassados, se é que algum vai lhe socorrer depois do que você fez.

– O que você está dizendo? O que você sabe, para me dizer estas coisas?

– O que eu sei, Jupiara, é o que todos vão saber amanhã: que foi você a causadora de todo sofrimento de nosso povo. Hoje somente eu sei, mas amanhã todos saberão. E o que você vai fazer para papai não saber? Vai matar a todos? Acho bom você começar a pensar em uma saída.

Rananchauê disse isso e saiu da oca de seu pai, preocupado com tudo o que tinha dito à sua irmã. Deveria ter ficado calado, mas não suportou a arrogância daquela menina.

Jupiara, por sua vez, entrou em pânico. Ele sabia de tudo. E agora, o que fazer? Quando o dia amanhecesse, todos iriam saber, e ela precisava fazer alguma coisa, mas o quê?

Ela precisava sair dali. Pegou sua ponteira e algumas peles, colocou tudo em um cesto e saiu antes que seu pai voltasse. Pé por pé, atravessou toda a tribo sem que ninguém a visse. Embrenhou-se na mata com muito cuidado para não chamar atenção; foi quando ouviu passos. Abaixou-se para ver quem era, tratava-se de seu irmão. Aquele era o momento certo para dar um fim àquela história. Mataria seu irmão e ninguém saberia do acontecido, pois ele mesmo tinha falado que era o único a saber. Sem contar que seria a única filha de seu pai, podendo até mesmo vir a ser cacique e cuidar de seu pai sozinha, sem ter que dividi-lo com ninguém.

E assim fez. Esperou que ele se aproximasse, quando deu o bote. Rananchauê, sem esperar, foi atingido pelas costas e caiu. Ainda tentou se virar. Quando olhou, viu o rosto de Jupiara transformado, como se fosse outra pessoa. Nunca viu tanto ódio em uma pessoa. Depois de atingi-lo nas costas, feriu suas pernas, seus braços e seu rosto para que todos pensassem que fora ferido por um animal. O que ela não sabia é que ele ainda estava vivo. Quando saía para voltar à oca sem que ninguém desconfiasse dela, deu uma última olhada. E viu seus olhos abrirem; com a voz sumida, ele falou:

– Eu menti. Chaurê sabe de tudo e está falando para papai.

Ela se desesperou, saiu correndo dali sem mais olhar para trás. Precisava fugir, ia esperar o tempo passar para depois saber se Rananchauê falou a verdade.

Encarando a Vida

Já se passara algum tempo, quando os outros vieram da clareira, cada um envolvido em seus pensamentos. O que teria acontecido? Por que não puderam saber o que se passou? De repente, ouve-se um gemido que chama a atenção de todos.

– Vocês ouviram? – falou Jupira.

– Sim, e parece ser gemido humano.

– É por aqui, Chauendê, o gemido vem deste lado.

Foi quando Tupiauranã olhou para o lado e viu no chão o corpo do seu filho que todos acreditavam ser filho de Hauanã. Sua primeira reação foi gritar.

– Meu filho...!

– O que foi? – vieram todos.

– Pelos deuses, é Rananchauê, e ele está vivo.

– Deve ter sido uma onça.

Rananchauê, com a voz muito fraca, só conseguiu dizer:

– Foi Jupiara – falando isso, pendeu a cabeça para o lado e parou de respirar.

Tupiauranã o colocou nos braços e o levou para a tribo. Os outros indignados vinham ao lado sem dizer uma só palavra. Quando chegaram à tribo, foram direto para a oca de Jupira; lá encontraram com Hauanã e Chaurê, que lhe contava o que tinha se passado. Quando viram aquilo, vieram ao encontro deles.

– O que aconteceu?

– Chauendê começou a explicar.

– Quando vínhamos da clareira, encontramos Rananchauê caído no meio da mata ferido e ele ainda podia falar. Ele nos disse que foi Jupiara quem o tinha ferido.

– Por Tupã, o que se passa na cabeça de Jupiara?

– Ele está morto, nada mais podemos fazer! – falou Jupira.

Hauanã deixou-se cair; não podia acreditar no que estava acontecendo. Seus filhos todos mortos e pelas mãos de sua própria filha.

– Agora você acredita, meu amigo, no que eu lhe dizia? Sempre soube que Jupiara era a responsável pelas mortes, mas você nunca me deu ouvidos. Quando me mandou embora, eu sabia que algo muito maior estava para acontecer; infelizmente nada pude fazer.

– Eu nunca lhe dei ouvidos porque para mim era muito difícil acreditar que minha pequena pudesse fazer uma coisa dessas. E agora, o que vou fazer? Como viver daqui para a frente sem meus filhos? E onde está Jupiara? Ela precisa ser encontrada.

– Eu não posso acreditar que estou com seu filho morto em meus braços e você está preocupado com o monstro que fez isto – gritou Tupiauranã, que chorava copiosamente, por agora saber a dor da perda de um filho.

– Todos olharam para ele. Não esperavam que ele tivesse aquela reação.

– Perdoe-me, Tupiauranã, eu sei o quanto você gosta de Rananchauê, mas Jupiara também é minha filha. Por pior que ela seja, ela precisa de minha ajuda. O que será dela daqui para a frente?

– Você pergunta o que será dela? Pois então eu mesmo lhe digo: ela terá a morte como castigo para vingarmos a morte de nossos filhos.

– Do que você está falando, Tupiauranã? – perguntou Chaurê assustado.

– Isso mesmo que vocês estão ouvindo. Rananchauê é meu filho, e não de Hauanã. Por isso que ele, em vez de estar preocupado com a morte de Rananchauê, preocupa-se com Jupiara.

– O que você está me dizendo é uma loucura! Hauanã sabe disso desde quando? – perguntou Jupira.

– Eu sei que este é um assunto grave, mas, por favor, não vamos falar disto agora; eu peço a todos que não toquemos neste assunto por enquanto. Temos de avisar a todos da morte de Rananchauê. Preciso ir falar com Luandê e peço a você, Tupiauranã, que venha comigo; ela vai precisar de você.

– Chauendê, por favor, reúna toda a tribo e fale sobre o acontecido; eu não tenho forças para isso. A revelação que Tupiauranã acabou de fazer me deixou sem forças até mesmo para pensar.

– Não se preocupe. Deixa que resolvo isso com o povo e, como falou Hauanã, deixemos o outro assunto para resolver depois com mais calma.

Hauanã abraçou Chauendê e pediu desculpas por tudo que tinha feito ao amigo; logo em seguida, junto de Tupiauranã, saiu para a oca de Luandê. Ela já estava dormindo, mas despertou quando os viu.

– O que aconteceu? Os dois aqui a esta hora, deve ser alguma coisa grave!

– Sim, Luandê, foi Rananchauê que morreu.

– Não pode ser... Meu filho, como aconteceu? Hauanã, me diga, por favor, quem fez isso com meu filho?

Vendo que Hauanã se calou, foi Tupiauranã quem falou.

– Foi Jupiara que matou nosso menino.

– Por quê, por quê, por que ela fez isso?

– Ainda não sabemos. Vou procurar pela mata, para ver se consigo trazê-la. E só assim saberemos o porquê de ela ter feito isto.

– Ela tem sim que vir para a aldeia, mas para ser queimada na frente de todos, e sua carne deve ser enterrada para que os deuses não a levem para o seu reino, contaminando assim toda sua bondade e pureza. (Os índios acreditavam que, quando alguém morria, os deuses levavam o corpo para um paraíso, onde só existia bondade e pureza.)

– Eu sei o quanto você está sofrendo, Luandê, mas, por favor, não deixe a revolta falar por você. Eu também sofro a perda de Rananchauê. Afinal, para mim ele sempre foi meu filho querido. Mesmo não sendo meu de sangue, sempre o tratei como se fosse meu filho e gostava dele como tal. Não é justo, você e Tupiauranã, me acusarem de predileção por Jupiara, que também é minha filha. Além do mais, se todos souberem agora que ele não era meu filho, me acusarão por ter escondido o seu erro como minha mulher. Saiba que Tupiauranã já falou para Chaurê, Jupira, Haraiã e Chauendê. E então é bom que mais ninguém saiba. Sei o quanto estão sofrendo, pois sofro junto e já perdi outros filhos. Por isso eu peço que me ajudem a não deixar nosso povo matar Jupiara. Por favor, por mim.

– O que você me pede é impossível. Mas por você vou ignorar a existência de Jupiara, hoje e para toda eternidade. Não me peça para ajudá-la, pois está acima das minhas forças.

– Eu concordo com Luandê. Não vou caçá-la, mas também não posso ajudar alguém que tirou a vida do meu filho. Perdoe-nos, por favor.

– Eu os entendo. Mesmo assim, obrigado por me entenderem.

Foi quando ouviram os gritos do povo que dizia: "Morte a Jupiara, que matou nosso cacique!". Hauanã sentiu como se o chão sumisse dos seus pés. Saiu dali correndo e foi tentar acalmar o povo.

Quando viram Hauanã, calaram-se para ouvir o que ele tinha a dizer.

– Meus irmãos, eu estou transtornado; assim como vocês, nunca podia imaginar que minha filha pudesse cometer barbaridades como essas com seus próprios irmãos. Eu sei, é revoltante para todos nós, mas não podemos agir como ela, no calor das emoções. Eu lhes peço: deixem que eu faça o que é melhor para todos.

– E o que você vai fazer? – perguntaram.

– Deixem que eu vá em busca dela na mata para dizer que não volte mais aqui, e mais nenhum de vocês precisará vê-la.

Então Embiaté falou.

– Que ela seja trazida até a tribo e expulsa diante de todos, para termos certeza de que realmente não voltará.

– Para que isso, meus irmãos? Para que Hauanã sofra ainda mais? – falou Marerauni.

– Mas Embiaté tem razão – falou Chaurê, que já estava descontente com Hauanã. – Quando ela tirou a vida de nossos guerreiros, não lembrou que faria o pai sofrer; por que agora temos de poupá-la? Por Hauanã? Não sei se ele também merece que lhe poupemos aborrecimentos. Mas se o cacique é ele, então que seja cumprida sua ordem. Porém, que Jupiara seja trazida até a aldeia e expulsa diante de todos.

– Se assim que querem, assim será!

Hauanã saiu de cabeça baixa sem nada a dizer. Atrás dele somente Haraiã, Marerauni e Chauendê, que foram para a mata atrás de Jupiara. Quem a encontrou foi Chauendê, que a trouxe. Veio amarrada e muito machucada. Quando seu pai viu aquilo, não acreditou no que seus olhos presenciavam. Sua pequena filha ali, sendo humilhada por todos, e ele sem nada poder fazer. Correu ao encontro dela, abraçou-a e disse:

– Perdoe-me, minha filha, por não poder ajudá-la.

– Não quero que sofra por mim, nem que seja prejudicado por minha causa. Deixe que eu viva a minha vida. Tudo que for para eu passar, farei de cabeça erguida. Nunca mais derramarei uma só lágrima que for perante este povo. E um dia todos vão realmente saber do quanto Jupiara é capaz, e vão se arrepender amargamente por dependerem de mim, principalmente este velho feiticeiro que destruiu as nossas vidas. Por favor, meu pai, siga sua vida sem sofrimentos. Não sou digna de uma só lágrima sua, e saiba que se hoje o faço sofrer, é por muito o amar. Um dia eu sei que muito se orgulhará de mim. Agora me deixe sofrer sozinha.

Chauendê levou Jupiara até o pajé, que mandou chamar Hauanã para ele próprio expulsar a filha. Hauanã veio e, entre lágrimas, disse à sua menina:

– Jupiara, por tudo que aconteceu, você não faz mais parte desta tribo. Terá de viver longe daqui e nunca mais, por motivo nenhum, poderá pôr os pés nesta tribo. E todas as pessoas desta tribo estão proibidos de falar ou estar com você. Se não obedecerem, serão obrigados também a se retirar. Perdoe-me, minha filha.

– Não chores, meu pai! Você não tem culpa de nada; eu é que o fiz sofrer. Perdoe-me, se você puder.

E assim Jupiara foi deixada bem longe da tribo e passou a viver em completa solidão. Começou a cuidar dos velhinhos levados para longe da tribo, à espera de serem levados para junto dos deuses. Jupiara cuidava deles, dando comida e tratando de seus ferimentos até que Tupã os conduzisse.

Depois da expulsão de Jupiara, Hauanã não foi mais o mesmo, já não se alimentava e ficou muito doente. Jupira, então, levou-o para sua oca para cuidar dele. Ficou assim por muito tempo e, quando desencarnou, foi levado para o altar onde eram entregues os corpos dos guerreiros mais fortes da tribo, para que os deuses conduzissem. Jupiara roubou o corpo, enterou-o e plantou um pé de acácia em cima de seu túmulo. Sempre que florescia, ela sabia que ele estava contente com ela.

Na tribo, depois da morte de Hauanã, o segredo de Luandê e Tupiaurê foi descoberto e os dois foram condenados à morte no fogo. Chauendê casou-se com a primeira esposa de Hauanã e tornou-se o novo cacique. Chaurê, logo depois da expulsão de Jupiara, também foi colocado nas matas para que os deuses o levassem, e ela ainda cuidou dele certo tempo. Jupira, enquanto cuidou de Hauanã, engravidou de um guerreiro e disse a todos que o filho era de Hauanã. Todos acreditaram e ficou determinado que, quando este nascesse e tivesse uma idade razoável, seria dado como cacique. As outras três esposas ficaram sós até a morte. Jupiara, depois de muitos anos da morte do pai, contraiu uma doença e, como não tinha quem cuidasse dela, morreu de fome e abandonada.

No Astral

Quando Hauanã acordou, viu ao seu lado um guerreiro que aguardava pacientemente que ele acordasse. Olhou ao redor estranhando onde estava, pois tudo era muito diferente daquilo que conhecia, e perguntou a si mesmo onde estava, pois era um lugar que ele não sabia se podia chamar de oca. Tentou levantar-se, mas seu corpo não respondeu aos movimentos, e o amigo pediu:

– Hauanã, tenha um pouco de paciência até que suas forças voltem ao normal.

Ele, um tanto aflito, questionou:

– O que aconteceu? Onde estão todos? Parece que eu dormi por muito tempo.

– Meu amigo, tenha muita tranquilidade, pois agora já não pertences ao plano terreno. Cumpristes tua etapa na Terra e agora precisamos unir nossas forças para auxiliar aqueles que esperavam por nós aqui no mundo espiritual.

– Está dizendo que agora estou na terra de Tupã?

– Sim, meu amigo.

– E onde estão todos? Meu pai, minha mãe, Iara? E onde estão meus filhos?

– Calma, Hauanã. Antes de tudo precisas saber algumas coisas. Quando chegastes aqui, ficaste muito tempo desacordado, pois teu espírito estava preso à Terra e não se conformava com tudo que aconteceu: a morte de seus filhos, a expulsão de Jupiara, a incompreensão do povo, tudo isso te pesava como culpa. Saiba que nossa consciência é nosso maior juiz. Durante esse tempo, todos aqueles que te são caros oraram e pediram a Tupã para que tu aceitasse os acontecimentos como desígnios divinos. E assim se passaram alguns anos até o dia de hoje. Nesse período também aconteceram várias coisas na terra. Tua filha também desencarnou, mas já está se recuperando com o auxílio de Rananchauê e Iara. Tupiauranã e Luandê tiveram seu segredo descoberto e, por não contarem mais com a tua proteção, foram condenados e jogados na fogueira. É bom que saibas também que, depois que conseguimos te trazer pra cá, teus pais têm auxiliado muito.

Hauanã ouviu tudo em respeitoso silêncio, embora um pouco confuso com tudo aquilo que escutava. Por vezes lágrimas banharam seu rosto e seu amigo fez uma pausa para que Hauanã se refizesse. Logo continuou:

– Agora, meu amigo, é hora de se recompor, pois preciso levar-te até alguém que precisa muito de ti.

– Vamos ver Iara?

– Não. Iara neste momento está ocupada ajudando nossos irmãos que chegaram do plano terrestre.

– Então aonde vai me levar?

– Vamos nos deslocar até outra colônia, mas primeiro faremos uma oração para pedir auxílio dos nossos amigos. O lugar que vamos visitar está envolvido por uma energia densa, e só vamos conseguir atravessar se tivermos auxílio.

Depois da oração, partiram para a viagem e, assim que saíram do local onde Hauanã era orientado por seu amigo, ele olhava tudo admirado com a beleza do lugar onde estava. Ao término de uma longa caminhada, o guerreiro misterioso pediu para que ele se mantivesse em oração, porque dali para a frente o caminho seria perigoso e ele não deveria desviar a atenção para o que acontecesse à sua volta. Ao percorrer o caminho, Hauanã reconheceu que já havia passado por ali. Era um lugar escuro e úmido, onde se escutavam gritos, choros e lamentos. Hauanã lembrou das palavras do amigo e começou a orar.

Finalmente chegaram em frente da choupana que ele havia visitado em sonho. Hauanã recordou da mulher que tinha encontrado ali dentro e também da promessa que havia feito, de que faria todo o possível para ajudá-la, embora na época não soubesse como. Será que tinha chegado o momento de pagar sua promessa?

O Resgate de Cândida

O guerreiro misterioso abriu a porta devagar e lá estava a mesma mulher, mas agora ainda mais abatida. Quando os viu entrando, levantou-se com dificuldade e foi ao encontro deles.

– Bartolomeu, meu querido, és tu? – e abraçou Hauanã fervorosamente.

– Quem é este que ela chama de Bartolomeu? – questionou Hauanã sem entender.

– Bartolomeu, sou eu, a tua Cândida, não se lembras de mim? Não podes ter esquecido nosso amor. Um dia me prometeste que nunca me abandonarias e hoje sequer lembras de mim.

– Calma, Cândida, Hauanã está se reestabelecendo e ele não esqueceu de ti. Ele só precisa reaprender a buscar sua memória espiritual.

– Hauanã, foste Bartolomeu em outro tempo. Tente agora superar o véu do esquecimento. Olhe fundo nos olhos de Cândida e isso irá te ajudar – esclareceu o amigo.

Ele olhou desta vez para Cândida, agora com mais ternura e, como que por encanto, começou a lembrar da vida que teve junto a ela. Na medida em que o véu ia baixando e as lembranças inundavam a mente dele, as lágrimas começaram a lhe correr pela face.

– Meu amor, como pude esquecer-te!? És e sempre foste o amor de minha vida e eu não sou digno de merecer estar aqui em tua presença – e dizendo isso Hauanã enlaçou Cândida em seus braços, como há muito não fazia. Em seguida, os dois se beijaram apaixonadamente.

– Eu sabia que em algum lugar desta vida existia alguém que me esperava. Por muito tempo pensei que Iara fosse o meu grande amor. Só agora vejo o quanto estava errado.

– Oh, meu querido, por quanto tempo esperei por isto, quanto sofrimento a vida nos reservou. Prometa-me que nunca mais ficaremos afastados. Que jamais irás me abandonar.

– Cândida, meu amor, todas as vezes que ficamos separados foi pela vontade de Tupã. De agora em diante, vamos trabalhar para termos merecimento de sempre ficarmos juntos.

– Meus queridos, agora que Hauanã recuperou parte da sua memória espiritual, vamos continuar nossa jornada, pois precisamos transportar Cândida para a outra colônia. Cândida, para podemos fazer isso é preciso que você nos auxilie.

– Não, eu não quero sair daqui. Lá fora existem inimigos que me perseguem há tempos e tenho medo de ser capturada por eles. Aqui estou protegida.

– Cândida, nós não podemos ficar. Tens permissão para ir conosco, mas também tens livre-arbítrio de decidir ficar. Ou colaboras para podermos tirá-la daqui ou ficas e assumes as consequências.

– Nem mesmo Bartolomeu pode ficar comigo?

– Não, não seria justo com ele, que tanto já sofreu na terra afastado de ti e agora sofra a teu lado.

– Está bem. O que tenho de fazer, para sair daqui?

– Basta deitar-te na cama, enquanto vou me concentrar e pedir para que alguns amigos venham ao nosso socorro.

O guerreiro misterioso então mentalmente chamou por seus amigos para transportar Cândida, que estava em uma região de vibrações pesadas e, para ser transportada para uma região mais sutil, precisava estar adormecida e contar com as energias dos trabalhadores do bem. Não demorou muito tempo quando bateram à porta. Hauanã foi abrir por ordem do guerreiro misterioso.

– Como vai, Hauanã, tudo bem?

– Tudo, eu os conheço?

– Sim, só ainda não se lembra. Mas deixe que eu faça as apresentações. Sou Francisco e meu amigo é o Severino. Estamos aqui para atender a um chamado do nosso amigo. Não se preocupe, a qualquer momento você vai lembrar de todos nós e só então vai entender por que o chamamos de amigo.

– Que bom que vocês chegaram. Preciso transportar Cândida e necessito da ajuda de vocês para adormecê-la.

E então Cândida deitou-se em sua cama. Os três estenderam suas mãos sobre ela, enquanto o guerreiro começou a fazer uma prece. Hauanã ficou encantado, pois à medida que se concentravam, saíam de suas mãos uma luz azul que cobria Cândida por inteiro. Aos poucos ela foi adormecendo. Quando o guerreiro terminou a prece, Cândida estava adormecida e eles puderam transportá-la em segurança até a sua nova casa.

Um Encontro Inesperado

Quando Cândida acordou, já estava em uma cama de outra colônia e com ela permaneciam Hauanã e o guerreiro misterioso velando por seu sono.

– Onde estou? – quis saber Cândida.

– Você está em casa novamente, minha filha. Descanse, pois precisa estar forte mais tarde – respondeu o guerreiro, com os olhos rasos d'água.

– Por que preciso estar forte? O que vai acontecer que eu ainda não saiba?

– Fique tranquila. Mais tarde teremos a oportunidade de entender o porquê de nossos sofrimentos, bem como seremos orientados a resgatar nossas faltas.

Quando conversavam, Francisco entrou:

– Vamos, já está na hora. Todos já estão reunidos e esperam somente por vocês.

– Já vamos. Cândida está se levantando, iremos em seguida.

– Estamos esperando no salão dois.

Cândida estava tão curiosa para saber o que ia acontecer que se levantou depressa e disse:

– Estou pronta. Vamos, não gosto de deixar ninguém esperando por mim.

– Acalme-se, Cândida. Primeiro tome este suco. Precisa se refazer, pois ainda está muito fraca.

Vendo o cuidado que o guerreiro tinha com aquela que agora ele sabia ser sua amada, Hauanã olhou para ele e disse:

– Olha, agradeço a ajuda que tens dado a mim e a Cândida. Nem ao menos sei por que tens feito isso a nós. Só posso dizer-te que sempre seremos gratos por teu auxílio e que poderás contar conosco sempre que precisares.

– Meu querido amigo, em breve verás que só estou fazendo o que meu coração manda. Somente posso adiantar-te que a felicidade de Cândida é a minha felicidade, e se alguém tem de agradecer, este alguém sou eu por seu grande amor por ela.

– Vamos deixar de conversa. Já tomei todo o suco e estou muito curiosa para saber o que vai acontecer neste salão dois – interrompeu Cândida já pronta para a reunião.

E assim saíram, rindo da ansiedade de Cândida, que caminhava na frente perguntando a quem encontrava onde era o tal salão. Quando chegaram na porta, todos já estavam lá e, ao reconhecê-los, Cândida deu um grito puxando a mão de Hauanã. Ele não entendeu nada e olhou assustado para o guerreiro misterioso. As pessoas que lá estavam entre-olharam-se. Alguns baixaram a cabeça, já outras riam à boca pequena. Outros até faziam menção de levantar-se para socorrê-la.

– Vamos sair daqui! Eu sabia que era uma armadilha! – falou Cândida, tão assustada, que em seguida desmaiou.

– O que está acontecendo? Por que ela ficou assim?

– Calma, Hauanã, ela está assim porque reconheceu as pessoas que ela perseguia e as que a perseguiram durante muito tempo. Mas fique tranquilo. Hoje estamos todos aqui com a proteção divina e nada de mal nos acontecerá. Todos estão recebendo mais uma chance e, como somos todos filhos do mesmo Deus, teremos a mesma oportunidade perante o Pai. Só nos resta pedir que todos saibamos aproveitar.

Aos poucos Cândida foi recuperando os sentidos e foi levada para um quarto ao lado, enquanto a reunião começava. Era um grande salão onde as pessoas foram organizadas em três grupos. À frente desses grupos foi posicionada uma mesa para cinco pessoas, onde dois lugares já estavam preenchidos. Francisco sentara-se de um lado e Severino do outro, na ponta. As três cadeiras centrais estavam vagas. O guerreiro misterioso, pegando no braço de Hauanã, convidou-o para sentar-se à mesa. Os grupos estavam sendo protegidos por espíritos que os envolviam com uma luz que os mantinha separados, mas podendo manter contato uns com os outros. Hauanã sentou-se ao lado de Francisco e o guerreiro misterioso ao lado de Severino, ficando vaga a cadeira central.

As Revelações de Celeste

Depois que todos os preparativos tinham sidos feitos, adentrou no salão uma mulher de meia idade, cumprimentou a todos e se apresentou:

– Boa tarde, meus irmãos, meu nome é Celeste. Talvez alguns de vocês se recordem de mim. Hoje estou aqui para realizar uma grande missão. Mas antes de falar qualquer coisa, convido a todos a agradecer ao mestre Jesus pela oportunidade que ele tem nos dado no decorrer de nossas vidas, permitindo que nos regeneremos a partir de nossos erros.

Depois de sentida a prece, Celeste começou a falar sobre o motivo pelo qual todos estavam ali reunidos.

– Bem, fico muito feliz por poder estar aqui neste momento de conclusão de um trabalho. Alguns cumpriram rigorosamente aquilo a que se comprometeram; outros infelizmente não conseguiram. Mas nosso Pai maior, em sua bondade infinita, nos dá sempre a oportunidade de melhorarmos, permitindo com a bênção da reencarnação que reparemos nossos erros, e é exatamente por isso que estamos todos aqui. Para que possam entender, é preciso que voltemos a uma outra vida, onde Hauanã era Bartolomeu, filho de Teodorico, que na última encarnação foi o cacique Corondê, e sua mãe era dona Niceia, que na tribo foi Jupiara, sua filha. Naquele tempo, Bartolomeu era o primogênito de uma família de cinco filhos. Um homem pacato, que vivia para a família. Seus irmãos o viam como o responsável pela casa, já que seu pai, homem de costumes rudes, mantinha um relacionamento fora do lar com outra mulher de nome Samanta, deixando assim toda a responsabilidade para seu filho mais velho. Já sua mãe, uma mulher dedicada ao lar e aos filhos, confiava na bondade e dedicação de seu filho Bartolomeu. Todo sofrimento e amargura causada por Teodorico eram abrandados pelos carinhos e conselhos de Bartolomeu, e isso fazia com que ela se aproximasse ainda mais do filho. Os irmãos de Bartolomeu eram Clermonte, que na tribo era o pajé Chaurê; Urbano, que foi seu grande amigo Chauendê; Aleixo, que na tribo era seu irmão caçula Marerauni; e Eurípides, que na tribo era Iorondê, o segundo filho do primeiro casamento de sua mãe. Seu irmão Clermonte, que sempre foi ligado às coisas do ocultismo, não dava muito ouvido ao que Bartolomeu dizia. Preferia ouvir Samanta. Esta, que era uma grande feiticeira, fazia poções e era procurada por todo povoado para cura de doenças e, na maioria das vezes, conseguia fazer com que as pessoas se curassem, sendo muito respeitada e admirada. Infelizmente também usava de sua magia para conseguir o que queria, não se importando com as dívidas que contraía. Por essa razão havia aqueles que sentiam medo e revolta, pois acreditavam que ela era perigosa e merecia morrer na fogueira; isto a levava a viver dentro de casa, pois tinha medo que alguém investisse contra ela.

Após breve pausa para apreciar o efeito que suas palavras iam produzindo na assembleia, continuou:

– Clermonte, a seu turno, tinha grande admiração e não acreditava que ela podia ser aquela bruxa que todos falavam. Para ele, ela era uma mulher dócil, inteligente e que tinha muito a ensinar. Ele saberia aproveitar cada minuto a seu lado. Já seus irmãos Urbano e Aleixo não se importavam com nada que desse muito trabalho. Como pertenciam a uma família abastada, queriam aproveitar a vida com toda mordomia que ela tinha a oferecer. Não se importavam com o sofrimento da mãe, ou com o mal que o pai fazia a ela; achavam que aquilo era normal e que ele tinha bastante dinheiro para dar a eles e manter outra mulher, então que ele fosse feliz do jeito que quisesse. Já Eurípides era todo sentimento. Dizia-se injustiçado porque a mãe não lhe dava atenção e que o pai só tinha olhos para os outros irmãos. Por isso, passava a maior parte do tempo dedicando-se à música, aos livros e à natureza. Não se importava com dinheiro ou com prazeres da carne; para ele a vida era algo maior que isso. Buscava a harmonia com o todo.

Certo dia Teodorico chamou Bartolomeu e disse-lhe que já era tempo de se casar e já tinha inclusive uma pretendente. Era Isabel, filha de Samanta, uma jovem que lhe dedicava muito afeto e atenção. Bartolomeu, acatando a ordem do pai, começou um relacionamento com Isabel, que na tribo era Iara. Isabel, a cada dia que passava, se apaixonava mais por Bartolomeu, que cumpria somente as ordens do pai. Procurava preencher o seu tempo dedicando-se à sua mãe e aos negócios da família e quase não tinha tempo para ficar com Isabel, que reclamava sua presença.

Um dia, em uma de suas voltas na feira do povoado, Bartolomeu encontrou uma bela jovem que lhe chamou a atenção. Nos seus olhos brilhavam uma luz que ele nunca tinha percebido em nenhuma outra mulher. Seu coração parecia querer pular pela boca; nunca sentira aquilo e foi como se já a conhecesse há muito tempo. Não sabia o porquê, mas sua atenção estava presa àquela mulher. Ficou por algum tempo assim contemplando-a até que um chamado de criança o despertou de seu encantamento. Era Clóvis, filho de Cândida, que chamava por sua mãe. Ela, que também notou a presença de Bartolomeu, desviou a atenção para seu filho, perdendo-o de vista. Apesar de notar que ela tinha um filho e que deveria ser casada, em nada se abalou e saiu maravilhado com aquele encontro, embora não tenha trocado sequer uma palavra com ela. E a partir daquele dia, Bartolomeu passou a ir à feira para encontrá-la no mesmo lugar em que ela o esperava, na mesma hora. Daí nasceu uma grande amizade, que não tardou em transformar-se em amor. Um amor tão profundo que Bartolomeu começou a deixar de lado os afazeres familiares, chamando assim a atenção de sua mãe, que sentia a mudança do filho.

Sem a dedicação de Bartolomeu, os negócios iam de mal a pior, ainda mais com seus irmãos que gastavam sem parar. O dinheiro passou a escassear, mas seu pai, alheio a tudo isso, acreditava que eram apenas questões passageiras.

Cândida, por sua vez, se complicava cada vez mais com seu marido. Já não nutria por ele o mesmo amor de outrora; não suportava mais aquela vida vazia e sem amor que ele a oferecia. Nos encontros com Bartolomeu, sonhava com uma vida feliz, cheia de amor e felicidade.

Certo dia Isabel procurou Bartolomeu pedindo para marcar a data do casamento, pois ela já estava com tudo pronto e não queria mais ficar distante dele. Este fato soou como uma bomba para o casal, que se encontrava às escondidas e agora precisava achar uma saída, pois se Bartolomeu se casasse com Isabel, as coisas complicariam ainda mais para eles. Bartolomeu falou à Cândida que largaria tudo para viver com ela. Os dois concordaram que era o único caminho para ficarem juntos. Ela abandonaria filho e marido, e ele, a família e a riqueza para viver em um lugar distante onde ninguém os conhecessem. Marcaram a fuga para o dia seguinte; já que, para dali a três dias, estava marcado o casamento. No dia da fuga, Bartolomeu preparou algumas provisões para a viagem; colocou tudo em um saco ao lado do portão de saída da casa, cuidando de todos os detalhes para que ninguém desconfiasse de nada, e naquele dia auxiliou sua mãe como se pedisse desculpas pelo abandono. Porém pensava que seria só por uns tempos e depois voltaria com sua amada para viver com a família novamente.

Cândida estava com o coração apertado. Doía muito a ideia de ir embora deixando para trás o filho, mas era preciso. Não sabia para onde iria e estava consciente de que, quando seus familiares descobrissem sua fuga com Bartolomeu, sairiam atrás deles como se fossem animais. E se Clóvis fosse junto, com certeza o ódio do marido seria ainda pior, por isso era melhor que o menino ficasse; ele seria bem tratado por seu ex-marido e sua família. O que ela não podia era perder o grande amor de sua vida. Seu sentimento por ele era maior que tudo. Via a vida e as pessoas sem maldade, tudo era belo e colorido. A dor e a ideia do abandono das pessoas não lhe importava, pois teria Bartolomeu ao seu lado e isso lhe bastava. Quando a noite chegou, Cândida não podia esconder sua ansiedade. Fez tudo como de costume e logo em seguida se recolheu para que ninguém percebesse. Na hora marcada, levantou pé por pé, foi até o quarto de seu filho, deu-lhe um beijo e saiu. Chegando na porta que dava para a rua, olhou tudo pela última vez e uma lágrima nasceu em seus olhos. Naquele momento deixava para trás uma vida de sofrimento e dor, e também ficava ali seu filho que tanto amava, sua família e seu ex-marido, que tinha sido um bom homem. Apesar das dificuldades em que viviam, nada faltava a ela e a seu filho.

Cândida respirou fundo, fechou a porta com cuidado e saiu lembrando de Bartolomeu, que já devia estar esperando por ela no lugar combinado.

Bartolomeu estava ansioso. Chegou ao lugar marcado minutos antes do combinado e Cândida não aparecia... Será que algo tinha dado errado? Depois de certo tempo, avistou Cândida que vinha com uma trouxa embaixo do braço. Correu ao seu encontro. Foram para o lugar onde Bartolomeu tinha deixado seu cavalo e viajaram a noite toda em busca de um abrigo. Embrenharam-se na mata e, quando o dia começou a despontar, Bartolomeu preferiu parar, pois já estavam em segurança. Quando finalmente encontraram um lugar para fazer moradia, começaram a viver uma vida em que só o amor era real. Não existiam preocupações ou dor, saudades ou preconceitos.

Caindo os Véus do Passado

Após nova pausa, em que pretendia dar tempo para que os ouvintes pudessem processar todas as informações de um passado que ainda estava vivo dentro de cada um, Celeste continou:

– No vilarejo, quando os familiares descobriram a fuga deles, as duas famílias não pararam mais de brigar com acusações mútuas. A família de Bartolomeu acusava Cândida de ter aplicado um golpe para ficar com o dinheiro dele. A família de Cândida dizia que Bartolomeu a enganara com promessas de uma vida melhor e que logo ele a deixaria abandonada e sozinha.

Isabel, a noiva abandonada, quando soube da fuga de Bartolomeu, caiu em profunda depressão. Não se conformava que Bartolomeu a tivesse abandonado. Nutria por ele muito amor e lhe tinha total dedicação. Não podia se imaginar trocada por uma qualquer que ele havia encontrado na rua e isso acabou, depois de certo tempo, levando-a à morte.

Teodorico jurou vingança e dizia que Bartolomeu jamais pisaria em sua casa novamente, e que, se alguém daquela casa discordasse disso, seria também obrigado a sair. Com a saída de Bartolomeu, ele passou a ficar mais tempo com Samanta, que agora estava só e exigia muito mais sua presença. Seus negócios ficaram por conta de Clermonte. Niceia já não tinha mais gosto pela vida; seus filhos Aleixo e Urbano se entregaram ao vício e sumiram no mundo. Eurípides é quem cuidava de Niceia, mas sem muito sucesso, pois ela dizia que a vida só teria valor se Bartolomeu voltasse para assumir tudo como sempre foi.

Do lado de Cândida, o marido dela, Homero, que não teve permissão para reencarnar na tribo, ficou desolado nos primeiros meses. Procurou por Cândida, jurando matar Bartolomeu para lavar sua honra, mas depois preferiu dedicar todo seu amor ao filho que sofria muito com a falta da mãe. Para o menino foi dito que a mãe havia desencarnado.

A mãe de Cândida, dona Cecília, que foi Embiaté na tribo, não se conformava com o que tinha acontecido e decidiu arrumar um jeito de trazer sua filha de volta. Seus irmãos Justino, que foi Tupiauranã; Belizário, que foi Haraiã; Sofia, que foi Italonã; e Diocleciano, que foi Luandê, queriam vingança.

Alguns anos se passaram e Teodorico adoeceu gravemente. Samanta se desdobrava em atenção para que ele melhorasse. Depois de muito sofrimento, Teodorico desencarnou. Samanta agora podia vingar a morte da filha e do amor de sua vida, pois para ela só existia um culpado: Bartolomeu. Ela iria saber esperar e, no momento certo, atacaria sem que ninguém soubesse.

Depois da morte de Teodorico, Niceia começou a procurar pelo filho para trazê-lo de volta. Não se importava com a escolha de Bartolomeu, queria era tê-lo junto dela. Mas Clermonte não queria seu irmão de volta porque, se ele voltasse, como primogênito, herdaria toda a fortuna de seu pai.

Em uma noite de muito frio, na casa de Samanta, Clermonte aprendia algumas poções, quando bateram à porta desesperadamente e ele mesmo foi ver quem era. Para sua surpresa era Bartolomeu, um pouco mais magro, com uma barba serrada quase irreconhecível. Surpreso, ficou olhando sem nada falar, e foi Bartolomeu quem falou:

– Clermonte, que bom revê-lo!

Este, voltando a si, abraçou-o e o convidou para entrar. Samanta sentiu grande revolta quando viu Bartolomeu dentro de sua casa. Ele pediu desculpas por entrar ali daquele jeito, mas era caso de vida ou morte. Contou que precisava de ajuda, pois sua amada definhava a cada dia que passava e Samanta era a última alternativa que ele tinha. Então pediu para que ela se compadecesse e lhe fizesse um remédio para que Cândida sarasse.

Samanta logo lembrou do sofrimento de sua filha, que definhara até a morte por causa daquele homem que agora estava ali na sua frente pedindo-lhe ajuda. Seria sua chance de vingar-se. Sem demora, Samanta foi até a dispensa, pegou um vidro, colocou um calmante e deu a Bartolomeu dizendo que era sua melhor poção. Afirmou que tinha certeza de que Cândida ficaria curada se tomasse a tempo. Bartolomeu pegou o vidro e se pôs a caminho com muita pressa. O caminho era longo e ele precisava chegar logo. Seu irmão pediu permissão para ir junto, alegando que Bartolomeu podia precisar de ajuda. Quando já estava amanhecendo, chegaram em frente de uma velha palhoça, apearam os cavalos e se dirigiram ao centro da casa, encontrando lá Cândida semiconsciente. Com a ajuda de Clermonte, Bartolomeu fez com que ela bebesse todo o remédio. Vendo que ela se acalmava, foi preparar algo para comer. Enquanto comia, Clermonte contava a Bartolomeu tudo o que tinha acontecido desde sua fuga.

Naquela mesma noite, Cândida desencarnou. Bartolomeu não conseguia aceitar a perda de sua amada. Foi Clermonte quem cuidou de tudo, ganhando a confiança do irmão novamente. Clermonte sabia que precisava fazer alguma coisa para Bartolomeu não voltar à aldeia, mas o quê? Então teve uma ideia. Precisava de aliados para sua empreitada e iria até a aldeia avisar a família de Cândida que Bartolomeu a tinha matado, assim eles mesmos fariam o serviço sem que ele sujasse as mãos. E alegando ir até a casa de sua mãe pedir permissão para Bartolomeu voltar, pôs-se a caminho maquinando como fazer para que ninguém suspeitasse dele.

Chegando à aldeia, foi direto à casa da mãe de Cândida contar o que havia acontecido. Desesperada, ela chamou seus filhos e contou que Bartolomeu tinha matado Cândida. Depois de muita revolta, pediram a Clermonte que os levassem até lá. Clermonte primeiro disse que não faria, pois tinha medo que eles maltratassem seu irmão; depois falou que, se eles prometessem não fazer mal a Bartolomeu, ensinaria o caminho. Quando se despedia deles, perguntou quando procurariam Bartolomeu e eles lhe disseram que partiriam ao amanhecer, depois de dar a notícia a Homero e convidá-lo para acompanhá-los. Sabendo disso, Clermonte se apressou, foi até a casa de Samanta; queria saber como poderia deixar Bartolomeu desacordado por algum tempo. Samanta estava embriagada, não dizia coisa com coisa; deu uma gargalhada e disse que não existia remédio melhor que o vinho para esquecer a perda de um grande amor. E então Clermonte saiu apressado para a feira em busca do melhor vinho. Levaria um garrafão e diria a Bartolomeu que precisava comemorar a sua volta para casa.

Já estava anoitecendo quando ele seguiu viagem rumo à palhoça de seu irmão. Era preciso que ele chegasse antes dos demais. Chegando lá encontrou Bartolomeu sentado em uma mesa tosca, olhando sua sombra e, aparentemente, conversando com ela. Clermonte pensou que seria mais fácil do que ele imaginava. Bartolomeu, vendo o irmão, tentou levantar-se sem sucesso; estava muito fraco e disse a Clermonte que Cândida estivera o tempo todo com ele e que só não entendia por que ela chorava tanto. Clermonte sentiu um arrepio correr por seu corpo e pediu a seu irmão que deixasse as almas do outro mundo descansarem. Não acreditava em vida após a morte, mas acreditava em fantasmas e os temia.

Tirando o garrafão de vinho de um saco, disse a seu irmão que bebessem e comemorassem a volta dele para casa a pedido da mãe.

Eles não podiam perceber, mas abraçada a Bartolomeu estava Cândida, inconformada com a conversa, pois não queria que seu amado abandonasse o lar onde eram tão felizes. Não entendia por que depois da chegada do irmão, Bartolomeu não a ouvia mais.

E eles bebiam cada vez mais. Clermonte enchia mais e mais o copo de seu irmão que, por estar muito fraco, logo desmaiou. Clermonte o colocou na cama. Esperou anoitecer, enquanto bebia o que sobrara do vinho. Cândida, que observava tudo sem ser notada, viu quando chegou um vulto negro e começou a beber com ele. Para surpresa de Cândida, outros chegaram e estes falavam com ela. Disseram que estavam ali para levar seu amado com eles e que ela não mais o encontraria, porque ela tinha dono, o qual era seu chefe e ele não mais permitiria que Bartolomeu chegasse perto dela. Cândida ouviu um barulho e foi verificar. Eram seus irmãos. Por certo estariam ali para socorrê-la e agora ela estaria salva.

Clermonte levantou-se com cuidado para não fazer barulho e espiou pela janela. Precisava ser rápido. Saiu pela porta dos fundos e se escondeu no mato para ver o que aconteceria.

Diocleciano e Justino foram os primeiros a entrar. Vendo a casa vazia e Bartolomeu dormindo, saíram para avisar os outros e então jogaram palha seca em volta do terreno e atearam fogo. Cândida, desesperada lá dentro, não sabia o que fazer. Por mais que chamasse, Bartolomeu não a ouvia. Quando viu o corpo do amado em chamas, jogou-se em cima dele para defendê-lo. O que ela não podia ver é que o espírito de seu amado já havia sido socorrido.

Do lado de fora, os irmãos de Cândida comemoravam, pois sua morte estava vingada. Clermonte sentia-se aliviado. O dinheiro da família agora lhe pertencia. Samanta, quando soube da morte de Bartolomeu, passou a ter crises de consciência que a levaram à beira da loucura. Com o auxílio espiritual de Teodorico, arrependeu-se de seus erros e, quando desencarnou, foi recebida por amigos que tinha conquistado com seu arrependimento. Cândida ficou presa à Terra por sua revolta e endividou-se com espíritos malfazejos, que a perseguiram durante muito tempo. Niceia, quando soube da morte de seu filho querido, foi à casa de Samanta, que já estava arrependida e lhe contou toda verdade. Niceia jurou vingar-se de um por um enquanto existisse.

Umbanda, uma Nova Oportunidade

Em nova pausa, Celeste olhou para todos e buscava perceber se eles estavam entendendo como todos os fatos da vida estão encadeados e que é cada um de nós que tece o próprio destino. Buscando ajudar a todos a compreender melhor a bênção que estavam recebendo com todas aquelas revelações, prosseguiu:

– Meus amigos, em razão de todos os fatos que acabo de relatar-lhes é que devemos ser gratos por estarmos podendo revisar as faltas do passado, ao mesmo tempo em que devemos nos preparar para uma nova oportunidade de resgatarmos nossas faltas e continuar trilhando o caminho sagrado.

– Antes que vocês pudessem merecer, tivemos de ajudar quem ainda se encontrava preso pelo ódio ou vingança, e isto nos deteve muitos anos na erraticidade, em que uns aprenderam pelo amor outros pela dor. Mas graças ao Pai maior e com o auxílio de nossos mentores, fizemos um bom trabalho e tivemos então a oportunidade de reencarnar em uma região distante da civilização. Já tínhamos nos perdido pelo dinheiro e essa era a oportunidade de nos livrarmos do orgulho e da vaidade. E tínhamos como principal objetivo o amor, a compreensão, o desprendimento material, o respeito uns pelos outros e, acima de tudo, íamos aprender a conviver tendo como principal objetivo a felicidade alheia. De todos que estão aqui, poucos não reencarnaram na tribo. Uns, mais instruídos e com menos dívidas, ficaram para nos dar suporte, outros ainda presos pela vingança se recusaram a ir conosco para mais uma oportunidade. Cândida, por estar ainda se recuperando e curando seu perispírito, não teve permissão de estar conosco, mas prometeu auxiliar Bartolomeu, agora Hauanã, a cumprir sua missão terrena, Homero e Clóvis por não terem se envolvido com a vingança e estarem diretamente ligados a Cândida também não reencarnaram. O que se entitulava "Deus do Poder" era o mesmo irmão que induziu Clermonte em seu plano de vingança. A mulher que saía das águas para conversar com Jupiara era Cândida, com ciúmes do amor de Hauanã pela filha. O espírito protetor da tribo era Francisco, amigo de longa data de Chaurê. O guerreiro misterioso era Izaque, pai espiritual de Cândida. O espírito que se manifestava para Iara, chamado na tribo de Deus do Fogo, era Samanta, que prometera ser a mãe que nunca tinha sido para Isabel. O espírito que se materializava para o auxílio do velho cacique era Severino, ligado diretamente a Francisco e a Chaurê. E eu, Celeste, para quem não se recorda de mim, fui mãe de Hauanã na tribo e sou sua mãe espiritual.

E agora, passados muitos anos de nossa desastrosa convivência na tribo, recebemos mais uma vez a chance de estarmos reunidos na Terra, pela sétima vez, tentando nos reaproximar e resgatar nossos débitos. Será a última vez em que estaremos reunidos em um mesmo plano. E para a trajetória ser menos tortuosa, vamos seguir o caminho da Umbanda, pois estaremos ligados com a espiritualidade, recebendo auxílio diretamente de nossos mentores. Alguns de nós estão indo para a Terra com a mediunidade aflorada para auxiliar a quem mais devemos; outros vão com a necessidade de aprender e seguir o seu caminho na Umbanda. Já outros, pediram para ter como familiares seus inimigos mais próximos para amá-los verdadeiramente.

Como podem pressentir, será uma vida dura e difícil para todos nós. Entre todos os que vão reencarnar não estarão presentes em corpo Hauanã, Izaque, Francisco, Severino, Samanta, além destes que nos auxiliam hoje. Infelizmente nem todos aceitaram tentar mais esta oportunidade, alegando que só terão sossego depois de terem se vingado. Como seus desafetos estão reencarnando, prometem persegui-los até o desencarne. A principal missão dos que estão aceitando a nova oportunidade será a de doutrinar esses irmãos mais endurecidos e trazê-los novamente para o caminho do bem.

Um Amor para a Eternidade

Antes de terminar a reunião, Hauanã tomou a palavra, pois tinha uma coisa a dizer:

— Bem, meus queridos irmãos, muitos sofrimentos já tivemos ao longo de nosso caminho. Um dia apanhamos, outro dia batemos, e com isso conquistamos amigos e criamos inimigos. Por nossas falhas e imperfeições fizemos sofrer sempre aqueles a quem mais amamos. Por isso, felizes são aqueles que sabem se arrepender e fazem do perdão a sua principal arma. Eu aproveito este momento que Deus me permitiu para pedir perdão a todos que não auxiliei, a todos que um dia eu fiz chorar. E o mais importante, quero agradecer àqueles que me fizeram sofrer, pois se eles não tivessem sido o instrumento, eu não teria feito o aprendizado. Saibam que devo muito a todos e prometo que estarei convosco neste novo mergulho da carne, desde o primeiro instante de suas vidas. Eu e os demais amigos que se comprometeram a vos auxiliar estaremos ao vosso lado na Terra, amparando-vos em suas dores, carregando-os se preciso for. Levem a certeza de que terão na espiritualidade amigos que vão sorrir quando felizes estiverem, e chorarão quando estiverem tristes. Estaremos sempre juntos. E fiquem certos, enquanto estiverem presos ao corpo e puderem usar o véu do esquecimento e, mesmo que não queiram para vós a missão com a qual se comprometem, ainda assim estaremos ao vosso lado, ajudando-os na caminhada que escolherem. Seja qual for o caminho que escolherem saibam que, em algum lugar, estarei pedindo ao Mestre que eu tenha permissão para mostrar-lhes o caminho da indulgência e do amor ao próximo.

Eu convido a todos neste momento a elevar o pensamento ao Divino Mestre, pedindo proteção e merecimento para cumprir mais uma jornada terrena. E, como estaremos ligados pelo espírito, guardaremos em nosso subconsciente a Prece de Cáritas, que nos ajudará a pedir sempre antes pelo próximo do que por nós. Façamos agora a Prece e que cada palavra dita nesta oração fique gravada dentro de cada um de nós, servindo de âncora para nossas vidas na Terra.

"Deus, nosso pai, que sois todo poder e bondade, dai a força àqueles que passam pela provação, dai a luz àquele que procura a verdade, ponde no coração do homem a compaixão e a caridade. Deus, dai ao viajor a estrela guia; ao aflito, a consolação; ao doente, o repouso. Pai, dai ao culpado o arrependimento; ao espírito, a verdade; à criança, o guia; ao órfão, o pai.

Senhor, que a vossa bondade se estenda sobre tudo que criaste. Piedade, Senhor, para aquele que não vos conhece, esperança para aqueles que sofrem. Que a vossa bondade permita aos espíritos consoladores derramarem por toda parte a paz, a esperança e a fé.

Deus, um raio, uma faísca do vosso amor pode abrasar a Terra. Deixa-nos beber nas fontes dessa bondade fecunda e infinita, e todas as lágrimas secarão, todas as dores se acalmarão. Um só coração, um só pensamento subirá até vós como um grito de reconhecimento e de amor. Como Moisés sobre a montanha, nós vos esperamos com os braços abertos.

Ó bondade, ó beleza, ó perfeição, queremos de alguma sorte merecer a vossa misericórdia. Deus, dai-nos a força de ajudar o progresso, a fim de subirmos até vós; dai-nos a caridade pura, dai-nos a fé e a razão. Dai-nos a simplicidade, que fará das nossas almas o espelho onde se refletirá a vossa divina imagem."

Que Deus vos abençoe, e que sejamos dignos de mais esta oportunidade que nos é dada.

FIM